Markus Stadler · Rudolf und Siegrun Weiss

Pustertal

Tauferer Tal – Ahrntal – Villgraten – Dolomiten

57 ausgewählte Touren

ROTHER
BERGVERLAG

VORWORT

Abwechslungsreicher und vielfältiger als das Süd- und Osttiroler Pustertal kann ein Tourengebiet wohl nicht sein. Im Norden, in den Zillertaler Alpen, gibt es feine Genusstouren für den Früh- und Hochwinter (z. B. über der Pustertaler Sonnenterrasse oder im Weißenbachtal) sowie gewaltige hochalpine Anstiege am Alpenhauptkamm für das späte Frühjahr mit »Berühmtheiten« wie dem Großen Möseler, dem Hohen Weißzint oder der Rötspitze.
Die Fortsetzung in den Villgratner Bergen in Osttirol ist zwar gemütlicher, die Touren (z. B. mit dem lohnenden Ausgangspunkt Kalkstein) setzen aber doch eine gewisse Tourenerfahrung voraus. Im Süden Osttirols beschreiben wir einige schöne und in Deutschland wie auch in Österreich weniger bekannte Skitouren in den Gailtaler Alpen (Lienzer Dolomiten) und im Karnischen Hauptkamm – weitgehend leichte und genussreiche Skitouren, von denen sich einige auch für Anfänger gut eignen.
Den Abschluss und wahrlich einen Höhepunkt bilden die Dolomiten. Großartige Skitouren in den Sextener und Pragser Dolomiten – wie die Zinnen-Umrundung oder der Dürrenstein! Nach Wunsch und Bedarf teilen in der Fanesgruppe gute Stützpunkte (Faneshütte, Lavarellahütte) die Anstiege in angenehme Längen auf. Die Gipfel lassen sich aber mit einigermaßen guter Kondition auch vom verhältnismäßig hoch gelegenen Pederü aus besteigen. Herrliche Dolomitenlandschaft finden wir schließlich westlich des Gadertales, z. B. rund um das reizvolle Bergdorf Campill, einem empfehlenswerten Stützpunkt für ein verlängertes Wochenende.
Das Süd- und Osttiroler Pustertal bietet wohl jedem Tourenfreund sein ideales Ziel. Wir wünschen genussreiche Skitouren – und stets eine gute Heimkehr nach erlebnisreichen Tagen!

Innsbruck, im Winter 2013 (Vorwort 3. Aufl.)   Rudolf und Siegrun Weiss

Meine Aufgabe war es, die vergriffene 3. Auflage dieses Führers von Rudolf und Siegrun Weiss aus dem Jahre 2013 gründlich zu überarbeiten, so gut wie möglich neu zu bebildern und die vielfach gewünschten GPS-Daten zu erstellen. In diesem Zuge wurde das Buch noch um einige schöne Gipfel erweitert, sodass es nun 57 lohnende Skitouren zwischen Brixen und Lienz umfasst.
Damit hat dieses fantastische Skitourengebiet wieder einen aktuellen und zeitgemäßen Rother-Skitourenführer, der allen Skitourenbegeisterten erlebnisreiche Tage in Süd- und Osttirol ermöglicht.
Ich wünsche jeder Leserin und jedem Leser viel Freude damit und immer genug Schnee unter den Brettern.

Rosenheim, im Herbst 2024   Markus Stadler

INHALTSVERZEICHNIS

Vorwort 3
Übersichtskarte 6
Top-Touren 8
Zum Gebrauch des Buches 10
    Schwierigkeitskategorien 10
    Symbole 12
    GPS-Tracks und Koordinaten der Ausgangspunkte ... 13
Süd- und Osttiroler Pustertal 18

1	7.00 h	Wilde Kreuzspitze, 3132 m	24
2	6.30 h	Wurmaulspitze, 3022 m	27
3	6.00 h	Seefeldspitze, 2715 m	30
TOP **4**	6.20 h	Östlicher Hochwart, 3068 m	33
5	4.30 h	Bärentaler Spitze, 2450 m	36
6	6.30 h	Magerstein, 3273 m	38
7	7.15 h	Schneebiger Nock, 3358 m	42
8	5.15 h	Merbjoch, 2828 m	44
9	6.30 h	Untere Rötspitze, 3289 m	46
10	5.45 h	Ahrner Kopf, 3051 m	50
11	5.00 h	Schientalkopf, 2773 m	52
12	5.00 h	Dreiecker, 2892 m	54
13	5.15 h	Löffelspitze 3009 m	56
TOP **14**	7.30 h	Schwarzenstein, 3369 m	59
15	6.00 h	Fünfte Hornspitze, 3109 m	62
16	4.15 h	Henne (Gorner Berg), 2475 m	65
17	5.00 h	Speikboden, 2517 m	67
18	6.30 h	Hoher Weißzint, 3370 m	71
19	6.30 h	Großer Möseler, 3480 m	74
20	4.30 h	Eisbruggspitze, 2787 m	76
21	5.00 h	Rote Wand, 2818 m	78
22	4.45 h	Hinterbergkofel, 2727 m	80
23	4.15 h	Hoher Mann, 2593 m	83
TOP **24**	4.30 h	Rotlahner, 2748 m	86
25	3.40 h	Toblacher Hochhorn, 2623 m	88
26	4.00 h	Hochrast, 2436 m	90
27	3.10 h	Marchkinkele, 2545 m	92
TOP **28**	3.10 h	Pürglesgungge, 2500 m	95
29	4.00 h	Kreuzspitze, 2624 m	98
30	5.00 h	Rotes Kinkele, 2763 m	100
31	5.00 h	Regenstein 2891 m	102
32	3.40 h	Gabesitten, 2665 m	104
33	2.30 h	Dorfberg, 2114 m	106
TOP **34**	3.40 h	Golzentipp, 2317 m	108

35	3.00 h	Steinrastl, 2184 m	110
36	4.00 h	Hoher Bösring, 2324 m	112
37	5.00 h	Große Kinigat, 2689 m	114
38	3.45 h	Roteck, 2390 m	117
OP **39**	4.30 h	Sextner Stein, 2539 m	120
40	6.00 h	**Rund um die Drei Zinnen**	124
41	3.30 h	Strudelkopf, 2307 m	128
OP **42**	3.15 h	Dürrenstein, 2839 m	130
43	3.45 h	Kleiner Jaufen, 2372 m	132
OP **44**	4.15 h	Großer Jaufen, 2480 m	134
45	5.45 h	Seekofel, 2810 m	137
46	5.30 h	Monte Sella di Sennes, 2787 m	140
47	3.45 h	Äußere Eisengabelspitze, 2534 m	142
48	5.20 h	Col Becchei di Sopra (Pareispitze), 2794 m	144
OP **49**	7.00 h	Zehnerspitze, 3026 m	146
50	4.30 h	Sankt Antoni Spitze, 2655 m	150
51	3.00 h	Col Costac, 2199 m	152
52	3.30 h	Zwölferkofel, 2384 m	154
53	4.20 h	Roa-Scharte, 2617 m	156
54	3.40 h	Sobutsch, 2486 m	158
55	4.15 h	Zendleser Kofel, 2422 m	160
P **56**	5.20 h	Kleiner Peitlerkofel, 2813 m	162
57	3.00 h	Maurerberg, 2332 m	165

Stichwortverzeichnis 170

TOP-TOUREN

Östlicher Hochwart, 3068 m
Vielseitige Skitour in grandioser Landschaft tief drin in den Südlichen Zillertaler Alpen *(Tour 4, 6.20 Std.)*.

Rotlahner, 2748 m
Schöner Skigipfel im Gsieser Tal mit genussreicher, leichter Abfahrt *(Tour 24, 4.30 Std.)*.

Pürglesgungge, 2500 m
Skitour im tourenreichen Villgratental mit rassiger Abfahrt und einer interessanten Variante auf einen Nachbargipfel *(Tour 28, 3.10 Std.)*.

Schwarzenstein, 3369 m
Gewaltige Unternehmung mit vielen Höhenmetern auf einen der markantesten Eisriesen des Zillertaler Hauptkammes *(Tour 14, 7.30 Std.)*.

Golzentipp, 2317 m
Ein Aussichtsplatz zwischen Karnischen Alpen und Hohen Tauern, den man vom sehenswerten Osttiroler Obertilliach, einem Dorf unter Denkmalschutz, aus besteigt *(Tour 34, 3.40 Std.)*.

Sextner Stein, 2539 m
Der Nahblick auf die Nordwände der Drei Zinnen ist unglaublich eindrucksvoll, die Abfahrt eher gemütlich *(Tour 39, 4.30 Std.)*.

Zehnerspitze, 3026 m
Verbindung einer Skitour über die sanften Hänge der Fanis mit einem wenig schwierigen Klettersteig auf einen »Gerade-schon-Dreitausender« *(Tour 49, 7.00 Std.)*.

Dürrenstein, 2839 m
Durch den hohen Ausgangspunkt (Plätzwiese) nicht viel Anstiegsmühe für eine (bei gutem Firn) tolle Abfahrt über eine steile Südwestflanke *(Tour 42, 3.15 Std.)*.

Kleiner Peitlerkofel, 2813 m
Eine der vielen Skitouren in der Umgebung des Bergdörfls Campill auf den Skigipfel des eindrucksvollen Peitlerkofels *(Tour 56, 5.20 Std.)*.

Großer Jaufen, 2480 m
Schöne Rundtour mit gemütlichem Aufstieg und toller Abfahrt direkt zum Pragser Wildsee *(Tour 44, 4.15 Std.)*.

ZUM GEBRAUCH DES BUCHES

Aufbau des Skitourenführers

Jede Beschreibung ist folgendermaßen aufgebaut: Die Kopfzeile informiert über Anstiegszeit und Höhenunterschied und eine kleine Grafik gibt Auskunft über die Exposition der Tour: Der Pfeil gibt die Haupthangrichtung an; das hellblaue Segment deckt die wesentlichen Expositionsbereiche ab, was die Einschätzung der Lawinengefahr und Schneequalität erleichtert. In einem kurzen Infoteil steht alles Wesentliche vom Ausgangspunkt bis zu den Anforderungen und der Lawinengefährdung. In einem Kartenausschnitt ist der Routenverlauf eingezeichnet. Farbbilder ergänzen die Beschreibungen. Das Stichwortverzeichnis mit allen wichtigen geografischen Punkten dient als Nachschlagehilfe. Übersichtskarten auf der Umschlagrückseite und den Seiten 6/7 informieren über die geografische Lage der einzelnen Touren.

Anforderungen und Schwierigkeitsbewertung

Die Anforderungen der Skitouren sind durch verschiedene Farben gekennzeichnet:

SCHWIERIGKEITSKATEGORIEN

■ = **Leicht**
Leicht – Anstiege, die 25° Steilheit nicht (oder nur kurzzeitig) überschreiten.

■ = **Mittel**
Mittelschwer – Anstiege, die 30° Steilheit nicht (oder nur kurzzeitig) überschreiten.

■ = **Schwierig**
Schwierig – Anstiege, die 35° Steilheit erreichen oder sogar überschreiten.

Unsere Schwierigkeitsangaben beruhen auf den Faktoren Steilheit des Geländes und Spielraum im Gelände. Die Schneeverhältnisse muss der Benützer selbst einbeziehen. Sie können die Schwierigkeiten deutlich erhöhen. Die Angaben beziehen sich auf die skitechnische Schwierigkeit. Auf etwaige alpintechnische Schwierigkeiten (z. B. leichte Kletterei, Klettersteig) wird im Beschreibungstext verwiesen.

Hangrichtung

In Verbindung mit dem Lawinenlagebericht erleichtert diese Angabe die Einschätzung der Lawinengefahr. Zudem wird ein erfahrener Tourengeher in Verbindung mit Wetterbericht, Höhenlage und Temperatur daraus

Wildes Ambiente im Aufstieg zum Östlichen Hochwart (Tour 4).

Rückschlüsse auf die zu erwartende Schneequalität für die Abfahrt ziehen können.

Lawinengefahr

Einen stets lawinensicheren Anstieg gibt es ebenso wenig wie einen, der immer lawinengefährdet ist. Eine Aussage über die Lawinengefährdung einer Tour kann nur als Angabe über die Wahrscheinlichkeit von Lawinenabgängen innerhalb einer Tourensaison erfolgen. Wir verwenden drei Stufen:

- »Kaum lawinengefährdet« – Dieser Anstieg kann das ganze Tourenjahr hindurch begangen werden, wenn die Spur vernünftig angelegt wird. Das Risiko beschränkt sich – wenn überhaupt – auf Ausnahmesituationen mit großer oder sehr großer Lawinengefahr.
- »Mitunter lawinengefährdet« – Lawinengefahr droht z. B. nach Schneefällen mit Windverfrachtung oder nach einem Warmwettereinbruch. Bei Lawinenwarnstufe 1 oder 2 sollte die Skitour mit angepasster Routenwahl ein geringes Risiko aufweisen.
- »Häufig lawinengefährdet« – Anstiege, die wegen ihrer Steilheit oder ihrer besonderen Lage (z. B. Bedrohung von den Flanken her) besonders günstige Bedingungen und viel Erfahrung bei der Routenwahl und der Risikoabwägung erfordern.

Gipfelanstieg zum Großen Möseler (Tour 19).

Aufstiegszeiten

Die Gehzeit wird von vielen Faktoren beeinflusst – Trainingszustand, Schneeverhältnisse, Witterung (Wärme, Kälte, Wind), Gruppengröße u. a. m. Unsere Angabe gilt für einigermaßen günstige Verhältnisse. Es sind Durchschnittszeiten, die von gut trainierten Tourengehern deutlich unterboten werden können. Wer gerne besonders gemütlich unterwegs ist, sollte etwas mehr Zeit einplanen.

Die Zeitangaben für die Abfahrt können nur als ganz grober Anhaltspunkt dienen. Schneeverhältnisse, unterschiedliches skitechnisches Können, Gruppengröße usw. bewirken eine große Streuung. Nach unseren Erfahrungen kann die Abfahrtszeit nach einem dreistündigen Anstieg zwischen einer ¼ Stunde und 2 Stunden schwanken.

SYMBOLE

Symbole im Tourenkopf
- Mit Bahn/Bus erreichbar
- Einkehrmöglichkeit unterwegs

Symbole im Höhenprofil
- Ort mit Einkehrmöglichkeit
- Einkehrmöglichkeit
- Parkplatz

- Bushaltestelle
- Bahnhof / S-Bahn-Haltestelle
- † Gipfel
- Kirche, Kapelle
- Auf-/Abfahrt mit Seilbahn
-)(Joch, Passübergang
- ⌐ Abzweigung

GPS-TRACKS UND KOORDINATEN DER AUSGANGSPUNKTE

Auf **gps.rother.de** stehen zu diesem Skitourenführer GPS-Tracks und die Koordinaten der Ausgangspunkte zum kostenlosen Download bereit. Dieser QR-Code führt direkt zum Download.
4. Auflage, Passwort: **591104bma**
Die GPS-Tracks können in die Rother App importiert werden. In der App kann man unterwegs stets sehen, wo man gerade ist und wo es langgeht. **Anleitungen dazu: rother.de/gps**
Trotz sorgfältiger Prüfung können wir Fehler und zwischenzeitliche Veränderungen nicht ausschließen. Verlassen Sie sich für die Orientierung niemals einzig und allein auf die GPS-Daten, sondern beurteilen Sie die Verhältnisse vor Ort.

Orientierung

Auf einer Skitour finden wir keine markierten Wege vor. Im Tourenstecksteckbrief wird deshalb angegeben, wie schwierig es ist, den richtigen Aufstieg zu finden. Unverspurtes Gelände ist heute in Nordtirol oder Bayern selten anzutreffen, im Pustertal zumindest wochentags häufiger. Da ist es sinnvoll, den Umgang mit Karte, Bussole und Höhenmesser zu beherrschen, selbst dann, wenn man in der Regel mit einem GPS-Gerät unterwegs ist. Bei einsetzendem Schneefall, ganz besonders unter Windeinfluss, können Anstiegs- oder Abfahrtsspuren oberhalb der Waldgrenze rasch (innerhalb

Endlose Hänge an der Fünften Hornspitze (Tour 15).

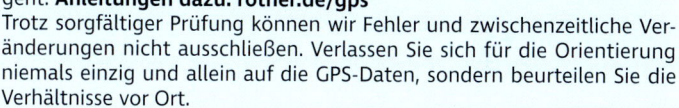

von Minuten!) unsichtbar werden. Rechtzeitige Umkehr ist in diesem Fall empfehlenswert. Unter solchen Bedingungen sind ein GPS-Gerät und die Trackback-Funktion ein großer Vorteil.

Günstige Zeit
Bei den angegebenen Monaten handelt es sich nicht um verbindliche Angaben. In einem schneereichen Winter kann man u. U. schon einen Monat früher erfolgreich sein. Fast immer ist es möglich, einen Monat später aufzusteigen. Das bringt zumeist größere Sicherheit, die mitunter mit einem Zustieg in aperem Gelände mit aufgeschnallten Ski erkauft werden muss.

Sicher unterwegs
Bei den angegebenen Monaten handelt es sich nicht um verbindliche Angaben. In einem schneereichen Winter kann man u. U. schon einen Monat früher erfolgreich sein. Fast immer ist es möglich, einen Monat später aufzusteigen. Das bringt zumeist größere Sicherheit, die mitunter mit einem Zustieg in aperem Gelände mit aufgeschnallten Ski erkauft werden muss.

EUROPÄISCHE LAWINENGEFAHRENSKALA

Stufe 1, gering:
Lawinenauslösung ist nur an wenigen, extrem Steilhängen möglich. Allgemein sichere Tourenverhältnisse.

Stufe 2, mäßig:
Lawinenauslösung ist bei größerer Zusatzbelastung vor allem an Steilhängen der angegebenen Exposition und Höhenlage möglich. Unter Berücksichtigung lokaler Gefahrenstellen günstige Tourenverhältnisse.

Stufe 3, erheblich:
Lawinenauslösung ist bei mittlerer Zusatzbelastung vor allem an Steilhängen der angegebenen Exposition und Höhenlage wahrscheinlich. Skitouren erfordern lawinenkundliches Beurteilungsvermögen; Tourenmöglichkeiten eingeschränkt.

Stufe 4, groß:
Lawinenauslösung ist bereits bei geringer Zusatzbelastung an den meisten Steilhängen wahrscheinlich. Fallweise sind viele mittlere, vereinzelt auch große spontane Lawinen zu erwarten. Skitouren erfordern großes lawinenkundliches Beurteilungsvermögen; Tourenmöglichkeiten stark eingeschränkt.

Stufe 5, sehr groß:
Zahlreiche große spontane Lawinen sind zu erwarten. Skitouren sind allgemein nicht mehr möglich.

Sanfte Skihänge vor Dolomitenkulisse am Roteck (Tour 38).

Umweltfreundlich unterwegs
Umweltfreundlich sind Skitouren nur, wenn wir uns rücksichtsvoll verhalten. Dazu gehört, dass wir
- PKW-Fahrten nach Möglichkeit einschränken (z. B. durch Nächtigung im Tourengebiet, Anreise mit öffentlichen Verkehrsmitteln).
- am Ausgangspunkt der Tour rücksichtsvoll parken (z. B. Hofzufahrten freihalten)
- wenn möglich (wenigstens gelegentlich) öffentliche Verkehrsmittel benützen
- auf den Skitouren Aufforstungen (Jungwälder mit einem Bewuchs unter drei Metern) umfahren, um die jungen Bäumchen nicht mit den Stahlkanten zu gefährden, und
- dichten Wald meiden, der dem Wild Einstand bietet (häufig wird im Text in der Waldzone auf eine Forststraße verwiesen, die dann auch benützt werden sollte).

Die Gesetzeslage: In Süd- und Osttirol darf jedermann/jedefrau Wald zu Erholungszwecken betreten, und zwar auch außerhalb von Wegen. Betretungsverbote müssen von der zuständigen Behörde – also nicht von einem Waldbesitzer oder Jagdberechtigten – erlassen und durch entsprechende Beschilderung erkennbar gemacht werden.
Naturschutzgebiete (Naturpark »Rieserferner – Ahrn«, »Sextener Dolomiten«, »Puez – Geisler« u. a.) sind grundsätzlich für Erholungsuchende, damit auch für Tourengeher, geöffnet. Dass in diesen Gebieten von den Tourengehern besondere Rücksichtnahme erwartet wird, versteht sich vor selbst.

Der Umwelt zuliebe ...

Auch bei Winterwanderungen, Schneeschuh- oder Skitouren hinterlassen wir einen ökologischen Fußabdruck, aber im Einklang mit der Natur unterwegs zu sein, ist gar nicht so schwer!

VORBEREITUNG UND ANFAHRT
- Sich vorab informieren, worauf in Bezug auf Natur und Umwelt im jeweiligen Tourengebiet besonders zu achten ist (saisonale Betretungsverbote).
- Soweit möglich mit Bahn und Bus anreisen.
- Ist eine Anfahrt mit dem Auto nötig, Fahrgemeinschaften bilden.
- Bei weiten Anfahrten ein Quartier vor Ort nehmen und von dort aus mehrere Touren unternehmen.

KLEIDUNG UND AUSRÜSTUNG
- Beim Kauf von Outdoor-Kleidung auf umweltfreundliche und faire Herstellung achten und Kleidungsstücke möglichst viele Jahre nutzen.
- Ausrüstung kann man eventuell auch gebraucht kaufen oder ausleihen.
- Reparieren statt neu kaufen.

VERPFLEGUNG
- Beim Einkauf Bio-Ware und regionale Erzeugnisse bevorzugen.
- Hütten und Gasthäuser auswählen, die regionale Produkte verwenden.
- Auf Einwegflaschen und Plastikverpackungen verzichten, stattdessen wiederverwendbare Trinkflaschen und Brotzeitboxen benutzen.

ÜBERNACHTUNG
- Bei lokalen Anbietern buchen, damit Menschen vor Ort profitieren.
- Auf Hütten und in anderen Unterkünften Strom und Wasser sparen.

UNTERWEGS
- Schutzgebiete und Wildruhezonen nicht betreten und Lärm vermeiden.
- Die üblichen Ski- und Schneeschuhrouten, Forst- und Wanderwege benutzen sowie Markierungen und Hinweistafeln beachten.
- Die Vegetationsdecke schonen (Skitouren nur bei ausreichender Schneelage unternehmen).
- Wildtiere nur aus der Distanz beobachten, von Wildfütterungen fernbleiben.
- Hunde an die Leine nehmen.
- Abseits von Pisten auf Touren in der Dämmerung oder Dunkelheit verzichten.
- Müll wieder mit nach Hause nehmen und dort entsorgen.
- Toilettengänge in freier Natur möglichst vermeiden.

SÜD- UND OSTTIROLER PUSTERTAL

Anreise
Das Pustertal ist mit PKW oder Bahn/Bus aus allen Richtungen gut erreichbar. Bei jeder Tour werden der Talort und die Anreise zum Ausgangspunkt beschrieben. Die Anreise mit öffentlichen Verkehrsmitteln ist nicht zu allen Ausgangspunkten möglich. In dem Fall empfehlen wir, ein Taxi zu buchen.

Nützliche Telefonnummern und Adressen
- Landesvorwahl Österreich +43
- Landesvorwahl Italien +39

Für Osttirol muss die »0« bei der Ortsvorwahl weggelassen werden (z. B. +43/4842 bei Sillian), für Südtirol muss bei der Ortsvorwahl die »0« mitgewählt werden (z. B. +39/0471 bei Bozen).

Notrufe
- Europäischer Notruf 112 (für alle Notfälle, funktioniert auch ohne SIM-Karte)
- Bergrettung Österreich 140
- Notfall-App fürs Smartphone: SOS-EU-ALP – damit werden auch die GPS-Koordinaten an die Leitstelle übermittelt.

Die Löffelspitze ist eine der vielen weniger bekannten Touren im Ahrntal.

Herrlicher Blick von der Nemesalm in die Sextener Dolomiten (Tour 38).

Auskünfte über die Lawinensituation
- Im Internet findet sich die tägliche Lawinenprognose für den gesamten Bereich dieses Skiführers unter lawinen.report
- über die Website können die Informationen auch als E-Mail oder über Telegram abonniert werden
- Smartphone Apps: Snowsafe oder Lawine Tirol App
- auf der Website Skitourenguru.com wird für die meisten der in diesem Führer beschriebenen Routen eine tagesaktuelle Lawinen-Risikoanalyse berechnet

Alpine Vereine
- Österreichischer Alpenverein, Olympiastraße 37, Tel. +43 512 59547; www.alpenverein.at
- Alpenverein Südtirol, Giottostraße 3, I-39100 Bozen, Tel. +39 0471 978141, www.alpenverein.it

Wetter
- Alpenvereinswetter im Internet: alpenverein.at/wetter
- Anschaulich informieren zahlreiche Webcams im Alpenraum über das aktuelle Wetter, z. B. foto-webcam.eu, panomax.com oder suedtirol.com/webcam

Blick auf die hoch gelegenen Osttiroler Bergbauernhöfe beim Aufstieg zum Roten Kinkele (Tour 30).

Allgemeine touristische Auskünfte
- Südtirol Information, Kornplatz 11, 39100 Bozen, Tel. +39 0471 999 999, suedtirol.info
- Tourismusverband Osttirol Mühlgasse 11, A 9900 Lienz, Tel. +43 50 212 212, osttirol.com

Öffentliche Verkehrsmittel
- Südtirol: südtirolmobil.info und die Smartphone-App Südtirolmobil für Verbindungsauskünfte und Ticketbuchung
- Osttirol: vvt.at oder die Smartphone App vom VVT (Verkehrsverbund Tirol) für Verbindungsauskünfte und Ticketbuchung

Landkarten
Für viel begangene Skitouren genügen bei guter Sicht unsere Kartenausschnitte mit der eingezeichneten Route. Für die Bestimmung entfernterer Gipfel braucht man jedoch Landkarten. Wanderkarten im Maßstab 1:50.000 reichen für diesen Zweck aus, z. B.:
- Freytag & Berndt: WKS 3 Pustertal, Bruneck, Drei Zinnen, WKS 5 Grödner Tal, Sella, Marmolada, WKS 10 Sextener Dolomiten, Cortina d'Ampezzo, WK 182 Lienzer Dolomiten, Lesachtal, Villgratental.
- Bei höheren Ansprüchen an die Genauigkeit kommen AV-Karten (meist 1:25.000) in Betracht: 31/3 Brennerberge (mit Skirouten), 35/3 Zillertaler Alpen, Östliches Blatt (mit Skirouten).

- Im Maßstab 1:25.000 auch Tabacco: 03 Cortina d'Ampezzo, 05 Gröden, Seiseralm, 07 Alta Badia, Arabba, Marmolada, 10 Sextener Dolomiten, 31 Pragser Dolomiten, Enneberg, 32 Antholzer Tal, Gsieser Tal, 33 Pustertal, Bruneck, 35 Ahrntal, Rieserferner Gruppe, 36 Sand in Taufers.
- Österreichische Karte (ÖK): 177 St. Jakob in Defereggen, 178 Hopfgarten in Osttirol, 195 Sillian, 196 Obertilliach.

Digitale Landkarten

Darüberhinaus gibt es eine fast schon unüberschaubare Anzahl an digitalen Kartenangeboten und Smartphone-Apps, deren vollständige Auflistung den Rahmen hier sprengen würde.

- Rother App: Kostenlose Wanderkarte für das Pustertal und ganz Europa. Die GPS-Tracks zu diesem Buch können in die App importiert werden (mehr Infos auf www.rother.de/gps).
- Alpenvereinskarten digital: Für das Pustertal nur teilweise verfügbar. Skitouren können als Tracks im gpx-Format für GPS-Geräte oder Smartphone exportiert werden.
- Osmand App: Open Source App, in die Fortgeschrittene die frei verfügbaren Topografischen Karten importieren und über das Smartphone zur Orientierung verwenden können.

Skitourenführer zu benachbarten Gebieten

Den Anschluss an die Region Pustertal nach Nord, Ost, West und Süd bieten folgende Skitourenführer des Bergverlag Rother:

- Sepp Brandl und Gerhard Hirtlreiter: Kitzbüheler Alpen, Tuxer und Zillertaler Alpen, 4. Auflage 2019.
- Rudolf und Siegrun Weiss, Markus Stadler: Brenner-Region. Innsbruck – Stubai – Wipptal – Sterzing, 4. Auflage 2021.
- Rudolf und Siegrun Weiss, Stephan Baur: Ötztal – Silvretta. Pitztal – Kaunertal – Oberinntal – Paznaun, 3. Auflage 2024.
- Wolfgang Pusch: Hohe Tauern. Glockner-, Venediger und Goldberggruppe, 2. Auflage 2014.
- Christian Wutte: Kärnten Süd. Julische Alpen – Karawanken – Steiner Alpen, 3. Auflage 2023.
- Stefan Herbke: Dolomiten. Grödnertal – Gadertal – Sexten – Cortina – Ampezzo – Fleimstal, 4. Auflage 2019.

Genussabfahrt am Hohen Bösring (Tour 36).

↗ 1750 m | ↘ 1750 m | 20.4 km
7.00 h

1 Wilde Kreuzspitze, 3132 m

Weithin sichtbarer prachtvoller Doppelgipfel

Der Weg zur Wilden Kreuzspitze ist in jedem Fall lang und anstrengend. Das gilt besonders für die beiden Anstiege aus dem Pfitschtal – vom Weiler Burgum über die Sterzinger Hütte (Sommerbewirtschaftung) und vom Weiler Fußendrass durch das Großbergtal. In beiden Fällen sind 1800 Höhenmeter zu überwinden. Unser Aufstieg ist zwar die meiste Zeit des Winters ähnlich lang, aber im späten Frühjahr kann man mit dem PKW bis zur Fane Alm fahren und die Tour auf 1450 Hm verkürzen. Im Winter wird die Zufahrtsstraße als Rodelbahn genutzt, weshalb man vor etwa Mitte April kurz hinter Vals starten muss. Desweiteren sollte man für diese Unternehmung beachten, dass die Klamm oberhalb der Fane Alm bei Vereisung heikel sein kann und dann Steigeisen empfehlenswert sein können.

Talort: Mühlbach, 777 m. Von der Ausfahrt »Pustertal« der Brenner-Autobahn durch das Pustertal nach Mühlbach. Bahnstation, Bushaltestelle.
Ausgangspunkt: Fane Alm, 1739 m. Von Mühlbach ins Valser Tal bis zum Winterparkplatz am Talende von Vals, 1396 m. Je nach Schneelage kann man ab etwa Mitte April (nur morgens bis 9.30 Uhr!) auf steiler Straße zum Sommerparkplatz, 1697 m, hinauffahren.
Aufstiegszeiten: Winterparkplatz – Fa-

Die letzten Meter zum Gipfel sind sehr steil und werden zu Fuß zurückgelegt.

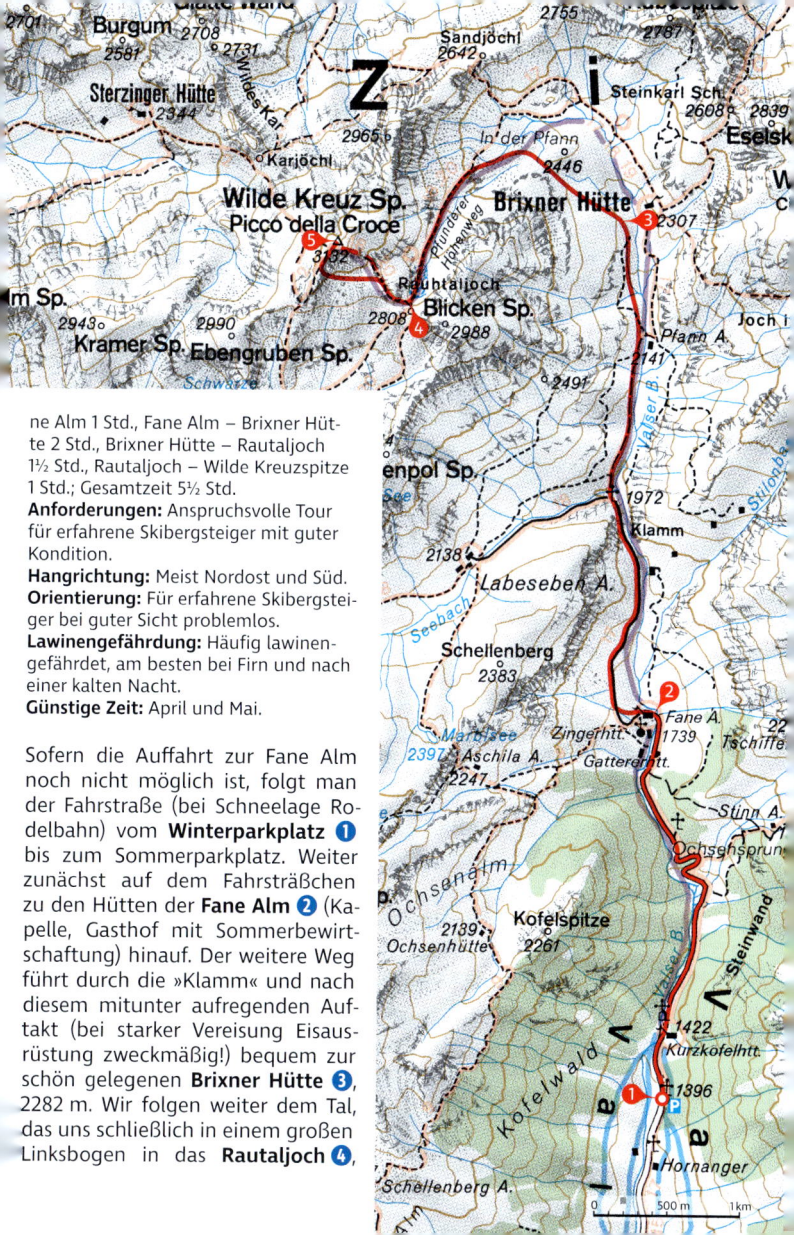

ne Alm 1 Std., Fane Alm – Brixner Hütte 2 Std., Brixner Hütte – Rautaljoch 1½ Std., Rautaljoch – Wilde Kreuzspitze 1 Std.; Gesamtzeit 5½ Std.

Anforderungen: Anspruchsvolle Tour für erfahrene Skibergsteiger mit guter Kondition.
Hangrichtung: Meist Nordost und Süd.
Orientierung: Für erfahrene Skibergsteiger bei guter Sicht problemlos.
Lawinengefährdung: Häufig lawinengefährdet, am besten bei Firn und nach einer kalten Nacht.
Günstige Zeit: April und Mai.

Sofern die Auffahrt zur Fane Alm noch nicht möglich ist, folgt man der Fahrstraße (bei Schneelage Rodelbahn) vom **Winterparkplatz** ❶ bis zum Sommerparkplatz. Weiter zunächst auf dem Fahrsträßchen zu den Hütten der **Fane Alm** ❷ (Kapelle, Gasthof mit Sommerbewirtschaftung) hinauf. Der weitere Weg führt durch die »Klamm« und nach diesem mitunter aufregenden Auftakt (bei starker Vereisung Eisausrüstung zweckmäßig!) bequem zur schön gelegenen **Brixner Hütte** ❸, 2282 m. Wir folgen weiter dem Tal, das uns schließlich in einem großen Linksbogen in das **Rautaljoch** ❹,

Die Wilde Kreuzspitze von Osten, unten in Bildmitte befindet sich die Brixner Hütte.

2808 m, führt. In der Südflanke der Wilden Kreuzspitze teils steil links haltend in eine Scharte am Südwestgrat und je nach Schneelage diesem noch ein Stück mit Ski folgen. Zuletzt zu Fuß steil, aber unschwierig zum **Gipfel** ❺, 3132 m. Bei sehr sicheren Bedingungen kann man im oberen Teil der Südflanke auch rechts in den Osthang wechseln und über diesen zum Gipfel aufsteigen.

Die **Abfahrt** folgt dem Anstiegsweg.

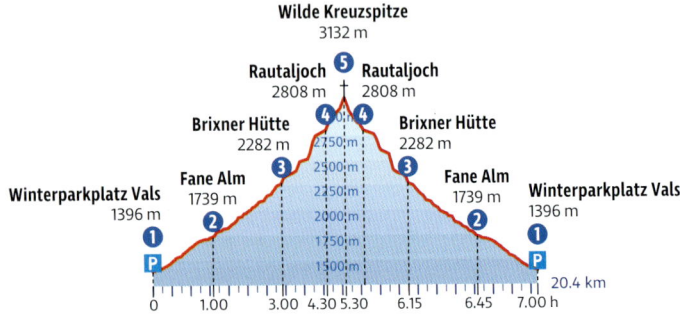

↗ 1650 m | ↘ 1650 m | 15.2 km

 6.30 h

Wurmaulspitze, 3022 m — 2

Origineller Lawinengraben fürs Frühjahr

Eigenartig wie der Name des Gipfels, der weder mit einem »Wurm« noch mit einem »Maul« zu tun hat, ist auch der Aufstieg. Er führt durch die Schlucht des Stilonbaches und ist erst im Frühjahr empfehlenswert, wenn die Lawinen auf beiden Talseiten abgegangen sind. Geht man diese Tour früher im Winter an, benötigt man viel Erfahrung bei der Abschätzung der Lawinen- und Schneesituation.

Talort: Mühlbach, 777 m. Von der Ausfahrt »Pustertal« der Brenner-Autobahn durch das Pustertal nach Mühlbach. Bahnstation, Bushaltestelle.

Ausgangspunkt: Fane Alm, 1739 m. Von Mühlbach ins Valser Tal bis zum Winterparkplatz am Talende von Vals, 1396 m. Je nach Schneelage kann man ab etwa Mitte April (nur morgens bis 9.30 Uhr!) auf steiler Straße zum Sommerparkplatz, 1697 m, hinauffahren.

Aufstiegszeiten: Winterparkplatz – Fane Alm 1 Std., Fane Alm – Joch in der Enge 3 Std., Joch in der Enge – Wurmaulspitze 1 Std.; Gesamtzeit 5 Std.

Anforderungen: Gute Felltechnik für den Aufstieg und entsprechende Skitechnik für die Abfahrt erforderlich; vom Skidepot leichte Kletterei.

Hangrichtung: Vorwiegend Süd, Südwest.

Orientierung: Bei guter Sicht einfach, bei schlechter Sicht eventuell Abbruch im Joch in der Enge.

Lawinengefährdung: Im Winter häufig

Blick von der Wurmaulspitze in die wolkenverhangenen Zillertaler Alpen.

Direkt über dem Kopf der Tourengeherin befindet sich das Joch in der Enge.

lawinengefährdet, erst im späten Frühjahr empfehlenswert.
Günstige Zeit: Ende April und im Mai, Abfahrt häufig noch im Juni bis zur Einmündung der Stilonschlucht in den Talboden auf Lawinenresten möglich.

Vom **Parkplatz** ❶ zu den Hütten der **Fane Alm** ❷, 1739 m, aufsteigen. Man wandert nun auf der im Anstiegssinne rechten Seite des Valser Baches bis zur Einmündung des Stilonbaches talein. Im schluchtartig eingeschnittenen Bachtal der »Stilonschlucht« (auch »Stilongraben«), oder anfangs links davon, steigt man steil und mühsam, allerdings ohne Orientierungs-

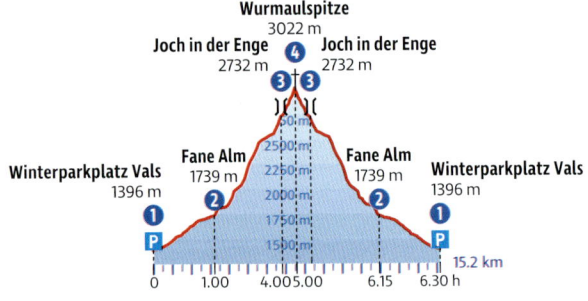

schwierigkeiten, zum **Joch in der Enge** ❸, 2732 m, auf. Oft führt der Weg über Lawinenknollen, die am Morgen unangenehm hart gefroren sind. Zum Glück weichen sie bis zur Abfahrt auf. Von der Einsattelung fährt man mit Fellen kurz in Richtung Nordwest ab. Der Höhenverlust ist gering, bald geht es über eine herrliche Flanke zum Ansatz des Südgrates der **Wurmaulspitze** hinauf. In etwa 2950 m Höhe wird das Skidepot errichtet. Weiter über unschwierige Blöcke, zuletzt westlich des Grates zum **Gipfel** ❹, 3022 m.

Die **Abfahrt** folgt dem Anstiegsweg.

Ein kurzer, ausgesetzter Grat führt vom Skidepot zum Gipfel.

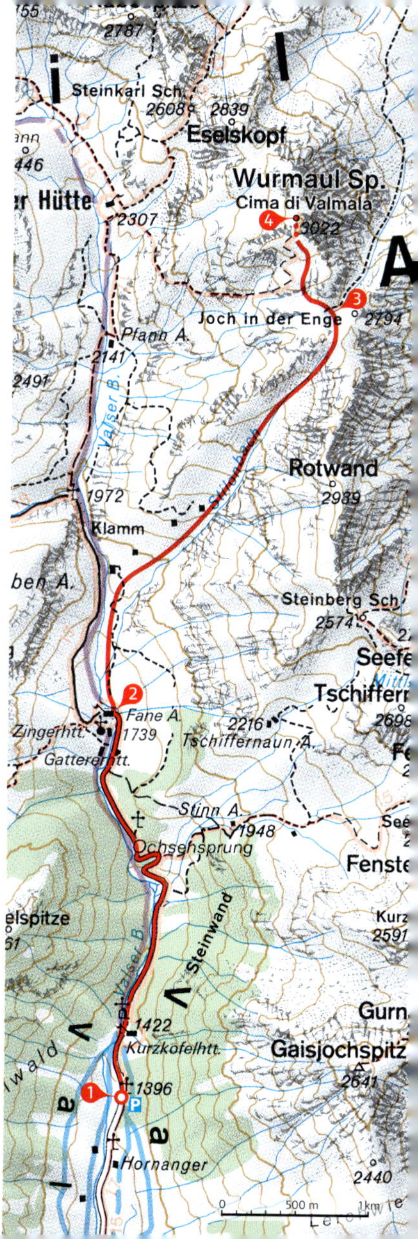

↗ 1600 m | ↘ 1600 m | 14.3 km

3 **Seefeldspitze, 2715 m**

6.00 h

Langer Anstieg auf einen einsamen Skigipfel

Die Hauptschwierigkeit dieser Skitour besteht in der konditionellen Herausforderung. Immerhin sind von Pfunders bis zur Furkelscharte bereits 1200 Höhenmeter zu überwinden, wo man dann auch den Gipfel das erste Mal zu Gesicht bekommt. Skitechnisch handelt es sich, abgesehen vom anfänglichen Forststraßenstück, durchweg um mittelsteiles, unproblematisches Gelände, das bei guten Bedingungen eine herrliche Abfahrt verspricht. Neben dem beeindruckenden Gipfelpanorama von den wilden Pfunderer Bergen bis hin zu den Gletscherriesen des Zillertaler Hauptkammes ist der Tiefblick von der Furkelscharte auf das 1200 Höhenmeter unterhalb liegende Bergdorf Pfunders besonders erwähnenswert.

Talort: Pfunders, 1159 m. Im Pustertal in Niedervintl links abbiegen und 10 km nach Norden. Bahnhof in Vintl, Bushaltestelle.
Ausgangspunkt: Sportplatz Pfunders, ca. 1150 m, von der Hauptstraße abbiegen in Richtung Ortsmitte. Parkplatz. Bushaltestelle Pfunders-Schattseite 100 m entfernt.
Aufstiegszeiten: Pfunders – Astholzalm 1½ Std., Astholzalm – Furkelscharte 2 Std., Furkelscharte – Seefeldspitze 1¼ Std., Gesamtzeit 4¾ Std.
Anforderungen: Die kurze Steilstufe in die Furkelscharte und der Gipfelhang sind Spitzkehrengelände, sonst überwiegend mittelsteile Hänge ohne technische Schwierigkeiten. Konditionell nicht zu unterschätzen!

Von Pfunderst steigt man gerade über die Wiesen hinauf.

Nordstau-Bewölkung am Alpenhauptkamm, wir sind bereits südlich davon.

Hangrichtung: Bis Furkelscharte ostseitig, danach Südwest und Südost.
Orientierung: Zur Furkelscharte einfach, oberhalb schwieriger und gute Sicht erforderlich.
Lawinengefährdung: Der Hang zur Furkelscharte ist häufig schneebrettgefährdet, ebenso der Gipfelhang. Besonders unter der Furkelscharte Einzugsbereiche beachten.
Günstige Zeit: Januar bis März.
Varianten: Auch die Korspitze und die Bretterspitze können aus dem Seefeldkessel bestiegen werden.

Vom **Sportplatz** ❶ steigt man leicht links haltend über die Wiese hinauf und trifft am Waldrand auf eine Forststraße. Nach mehreren lang gezo-

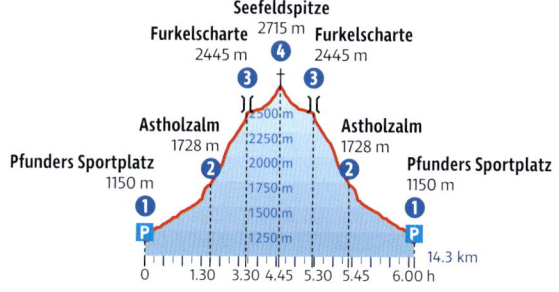

Gemütliche Mulden leiten von der Furkelscharte zum Gipfelaufbau.

genen Kehren erreichen wir auf 1600 m die erste freie Wiese. Hier können wir gerade hinauf zur **Astholzalm** ❷, 1728 m, abkürzen. Knapp rechts des Baches gewinnen wir zügig an Höhe und ohne Orientierungsschwierigkeiten steigen wir zuletzt über einen kurzen Steilhang in die **Furkelscharte** ❸, 2445 m. Jenseits des Jochs rutschen wir etwa 50 Höhenmeter hinab und queren nach rechts zu einem Bachgraben, dessen linker Ast uns hinaufführt in einen weiten Kessel, in dem sich zwei Seen befinden. Über einen steilen Osthang geht es von dort nach links hinauf zur **Seefeldspitze** ❹, 2715 m, deren höchsten Punkt wir zuletzt am einfachsten zu Fuß über den oft abgeblasenen Südrücken erreichen.

Die **Abfahrt** folgt der Aufstiegsroute. Vor der Furkelscharte wartet ein kurzer Gegenanstieg von etwa 60 Höhenmetern.

↗ 1550 m | ↘ 1550 m | 13.2 km

6.20 h

Östlicher Hochwart, 3068 m

TOP 4

Unbekannter Dreitausender vis á vis des Hochfeiler

Der Hochwart gehört zu den wilden Pfunderer Bergen, die zwar nicht am unmittelbaren Alpenhauptkamm liegen, aber in ihrer Erscheinung den Gletscherbergen am Grenzkamm zwischen Süd- und Nordtirol in nichts nachstehen. Der Östliche Hochwart ist davon noch einer der am komfortabelsten im Rahmen einer Skitour besteigbare Gipfel. Im Gegensatz zu vielen seiner Nachbarn sind weder heikle Schluchtpassagen noch anspruchsvollere Gipfelkraxelei erforderlich. Trotzdem stufen wir die Tour aufgrund der Summe ihrer Anforderungen noch mit »schwarz« ein. Immerhin handelt es sich um einen Dreitausender in wilder Umgebung, wo Wetter und Verhältnisse perfekt sein sollten, damit er vergleichsweise »leicht hergeht«.

Talort: Pfunders 1159 m, im Pustertal in Niedervintl links abbiegen und 10 km nach Norden. Bahnhof in Vintl, Bushaltestelle.

Ausgangspunkt: Gehöft Luzer in Dun, 1480 m, von Pfunders der schmalen Bergstraße weiter ins Talende folgenden. Am Wegscheiderhof vorbei, an der nächsten Kehre rechts bis zu kleinem Parkplatz kurz vor dem letzten Bauernhof.

Aufstiegszeiten: Dun – Egger-Bödenalm ½ Std., Egger-Bödenalm – Valsalm 1½ Std., Valsalm – Valsscharte 1 Std., Valsscharte – Skidepot 1¾ Std., Skidepot – Gipfel ¼ Std., Gesamt 5 Std.

Anforderungen: Steile Passagen zur Valsalm, zur Valsscharte und im Gipfelhang erfordern sichere Geh- und Ski-

Großzügige Hänge erlauben am östlichen Hochwart eine ebensolche Spuranlage.

Skidepot und Westlicher Hochwart.

Schroffe Pfunderer Berge.

technik. Unschwierige Blockkletterei zum Gipfel.
Hangrichtung: Überwiegend Süd und West.
Orientierung: Bei passenden Bedingungen meist gespurt – das komplexe Gelände erfordert aber Überblick und Orientierungsvermögen.
Lawinengefährdung: Stabile Schneeverhältnisse erforderlich. Aufgrund der oft westeitigen Exposition hat man mittags meist etwas Zeitreserve zum Abfahren.
Günstige Zeit: März bis Mai
Varianten: Es ist auch möglich über die Eisbruggalm zur Valsscharte zu gelangen. Diese Variante ist skifahrerisch weniger lohnend, daher eher eine Option für den Aufstieg.

Vom **Parkplatz** ❶ folgt man der Straße zur **Egger-Bödenalm** ❷, 1676 m, wo sich das Tal gabelt. Wir nehmen den linken Ast und marschieren rechts des Weißsteinbachs taleinwärts, bis von rechts ein Bachgraben von der Valsalm herabzieht

Östlicher Hochwart
3068 m

Valsscharte 2409 m — Valsscharte 2409 m
Valsalm 2179 m — Valsalm 2179 m
Egger-Bödenalm 1676 m — Egger-Bödenalm 1676 m
Dun 1480 m — Dun 1480 m

13.2 km

0 0.30 2.00 3.00 5.00 5.40 6.10 6.20 h

Links des Grabens über den steilen Hang aufwärts, auf halber Höhe auf dem Fahrweg über den Graben nach rechts und in einem Linksbogen hinauf zur **Valsalm** ❸, 2179 m. Weiter durch ein schönes Kar, zuletzt wieder recht steil in die **Valsscharte** ❹, 2409 m. Hinter der Scharte über in kurzes Plateau 200 m flach oder leicht ansteigend nach Osten und über den Südhang hinauf in ein Schärtchen, dahinter nach links aufwärts in einen weiteren kleinen Sattel, 2601 m, von dem der Blick zum Gipfelhang frei wird. Nun über kupiertes Gelände nach Norden zum letzten Steilhang, der in einigen Kehren hinauf in die Scharte zwischen Östlichem und Westlichem Hochwart überwunden wird. Rechts am Westgrat noch so hoch wie möglich mit Ski (**Skidepot** ❺), zuletzt zu Fuß etwa 60 Höhenmeter über den leichten Blockgrat zum **Gipfel** ❻, 3068 m. **Abfahrt** entlang der Aufstiegsroute.

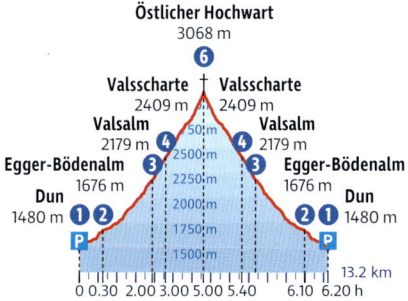

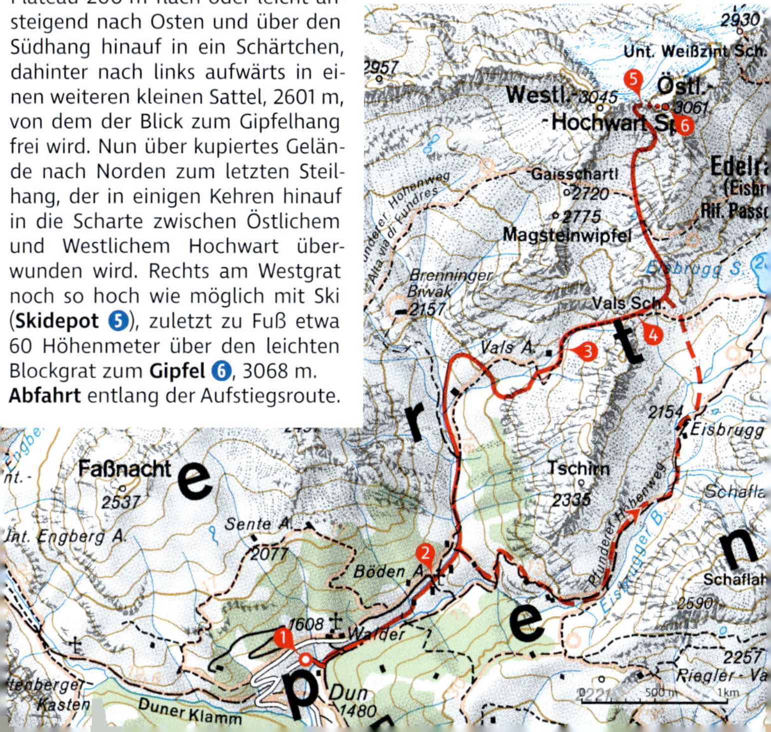

↗ 1050 m | ↘ 1050 m | 9.3 km
4.30 h

5 Bärentaler Spitze, 2450 m

Unschwieriger Skigipfel im Osten der Sonnenterrasse

Die Hochfläche über dem Pustertal heißt nicht ohne Grund »Sonnenterrasse«. Von hier aus sind zahlreiche Skitouren möglich, deren Länge und Schwierigkeit von Osten (Pfalzen) nach Westen (Terenten) zunehmen. Die Bärentaler Spitze ist eine gemütliche Skitour, die sich auch für Anfänger gut eignet, die hier weder im Aufstieg noch in der Abfahrt überfordert werden. Bei guter Sicht kann man unsere Skitour zu einer kleinen Rundfahrt ausweiten, indem man durch das Mühlbachtal aufsteigt und durch das östlicher gelegene Tal des Plattner Baches abfährt.

Talort: Pfalzen, 1022 m. Im Pustertal bis nach Bruneck (Bahnstation). Auf gut ausgebauter Bergstraße nach Pfalzen. Bushaltestelle.

Blick hinab in den Talboden von Sand in Taufers. Darüber Moosnock und Durreck (Rieserferner Gruppe).

Ausgangspunkt: Rechtskurve an der Straße zum Weiler Platten (etwa 1400 m). Die Bergstraße nähert sich etwa 4 km nach Pfalzen dem hier tief eingeschnittenen Plattner Bach (scharfe Rechtskurve). Beim Bauernhof kaum Parkmöglichkeit, daher in der Nähe der Kurve parken.
Aufstiegszeiten: Parkplatz – Bärentaler Alm 1½ Std., Bärentaler Alm – Bärentaler Spitze 2 Std.; Gesamtzeit 3½ Std.
Anforderungen: Unschwierige Skitour, die lediglich ein wenig Kondition erfordert. Auch für schwächere Skifahrer geeignet.
Hangrichtung: Vorwiegend Süd.
Orientierung: Ab der Bärentaler Alm »unruhiges Gelände«, Orientierung nur bei guter Sicht einfach.
Lawinengefährdung: Bei vernünftiger Anlage der Aufstiegs- und Abfahrtsspur kaum lawinengefährdet.
Günstige Zeit: Dezember bis März.

Vom **Parkplatz** ❶ 250 m auf der Straße Richtung Bärentaler Hof. Gleich nach Verlassen des Waldes rechts am Waldrand aufwärts, eine Forststraße kreuzend, bis man kurz vor Ende der Wiese wieder auf eine Kehre der Straße trifft. Ihr folgt man einige Kehren aufwärts und links in den Bachgraben. Bei einer Gabe-

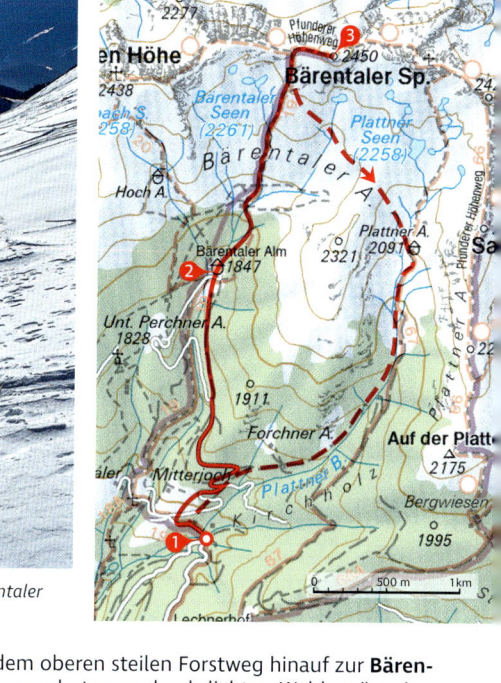

Dolomiten vom Anstieg zur Bärentaler Spitze.

lung auf 1700 m folgt man dem oberen steilen Forstweg hinauf zur **Bärentaler Alm** ❷, 1847 m. Weiter wandert man durch lichten Wald, später im freien Almgelände durch Mulden und über Kuppen zu einer Einsattelung westlich des Gipfels. Über den Rücken geht es unschwierig mit Skiern zum Gipfelkreuz der **Bärentaler Spitze** ❸, 2450 m.
Die **Abfahrt** folgt dem Anstiegsweg. Hat man sich für eine Überschreitung entschieden, ändert sich weder der Gesamtcharakter der Tour noch ergeben sich Orientierungsschwierigkeiten – gute Sicht vorausgesetzt.
Man fährt nur kurz auf dem Anstiegsweg ab, hält sich dann links und erreicht die Plattner Alm, 2091 m, im Tal des Plattner Baches. Durch dieses Tal zur Waldgrenze. Weiter auf einem Forstweg, über den man die Zufahrt zum Bärentaler Hof und wenig später den Parkplatz erreicht.

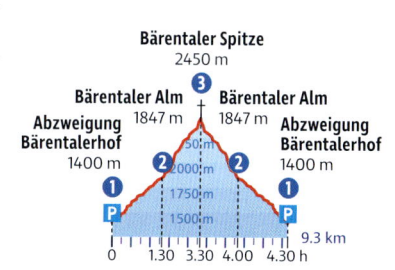

6 Magerstein, 3273 m

↗ 1700 m | ↘ 1700 m | 14.1 km
6.30 h

Unbeschwerter Skigenuss auf sanften Gletscherhängen

Der Magerstein ist vermutlich der meistbesuchte Skigipfel im Bereich der Kasseler Hütte. Das hat seine guten Gründe. Der Magerstein ist ein Gipfel mit prachtvoller Aussicht und einer der leichtesten Dreitausender der Ostalpen. Dazu kommt ein spaltenarmer, sanft geneigter Gletscher, der den Schnee konserviert und den Pulverschnee lange in gutem Zustand erhält, sofern der Wind den Tourengehern nicht einen Streich spielt. Obwohl der Gletscher an sich harmlos ist, kam es mehrmals zu Spaltenstürzen, wenn die Lust nach unverspurtem Pulver größer war als die Vorsicht und Tourengeher von der normalen Abfahrtsroute abwichen. Die Länge des Aufstiegs ist dagegen kein Problem, wenn man in der Kasseler Hütte nächtigt.

Talort: Sand in Taufers, 865 m. Im Pustertal nach Bruneck (Bahnstation). Richtung »Ahrntal« abzweigen und nach Sand in Taufers. Bushaltestelle.
Ausgangspunkt: Rein, 1538 m. Von Sand auf gut ausgebauter Bergstraße nach Rein. Bushaltestelle. Große Parkplätze unterhalb des Dorfes vor den Brücken über Knuttenbach und Reinbach (1540 m). Zwischen den beiden Brücken nach links abzweigen zur »Säge« bzw. zur Talstation der Materialseilbahn (1590 m). Parkplatz.
Aufstiegszeiten: Rein – Kasseler Hütte 2 Std., Kasseler Hütte – Magerstein 3 Std.; Gesamtzeit 5 Std.
Anforderungen: Leichte Gletschertour im hochalpinen Gelände. Spaltengefahr eher gering, aber nicht ausgeschlossen, besonders bei schlechter Sicht.
Hangrichtung: Meist Nordost, Nordwest.
Orientierung: Bei guter Sicht einfach, meist gut gespurt. Bei schlechter Sicht abzuraten.
Lawinengefährdung: Hüttenanstieg an einigen Stellen mitunter lawinengefährdet, Gipfelanstieg kaum lawinengefährdet.
Günstige Zeit: Februar bis Mai.
Einkehr: Kasseler Hütte (2276 m, auch »Hochgall Hütte«, »Rifugio Roma«), heute Sektion Rom des CAI. Bewirtschaftet im März und April, 75 Schlafplätze, Tel. +39 0474 672550, kasseler-huette.com.

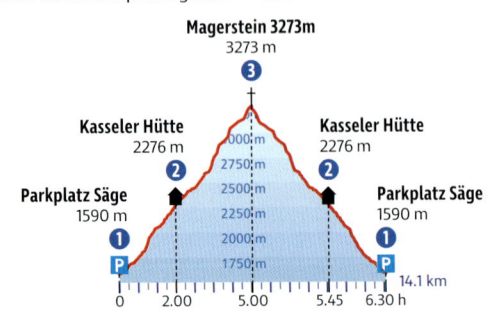

Kasseler Hütte, im Hintergrund Bärenluegwand, Bärenluegspitz und Dreieckspitz.

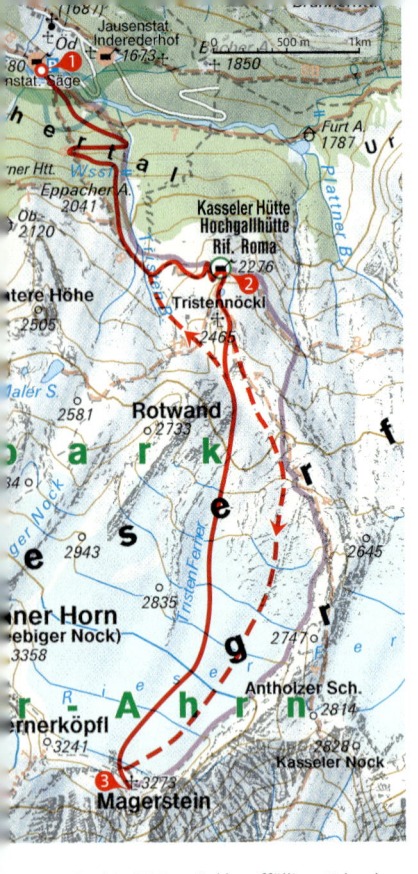

Zur Hütte: Vom **Parkplatz** ❶ kurz taleinwärts zur Brücke und jenseits über die Schneise links aufwärts zu einer Forststraße. Ihr folgt man bis zu ihrem Ende. Nun weiter auf dem steilen, oft buckelpistenähnlich ausgefahrenen Sommerweg zur **Kasseler Hütte** ❷, 2276 m. Großartiger Blick zum Hochgall und Wildgall und vielen anderen Gipfeln der Rieserferner Gruppe. Unser Gipfel nimmt sich dagegen recht unscheinbar aus, ein kleines weißes Dreieck über einer weiten Gletscherfläche.

Zum Gipfel: Der »Hüttenberg« der Kasseler Hütte ist im Sommer das Tristennöckl, 2465 m, ein schön geformter felsiger Gipfel. Links davon steigen wir durch ein Tälchen zum **Westlichen Rieserferner** auf. Die übliche, aber etwas spaltigere Route führt direkt auf den Gipfel des **Magersteins** ❸, 3273 m, zu und von rechts her zum höchsten Punkt. Wer auf Nummer sicher gehen will, hält sich weiter links und zieht erst kurz unter dem Gipfel nach rechs zur üblichen Route. Man wird dann aber oft selbst eine Spur legen müssen. Bei Vereisung sind selbst für den gemütlichen Magerstein mitunter Steigeisen angenehm. Häufiger ist der Gipfel allerdings abgeblasen und nur das Gipfelkreuz eisbedeckt. Die **Abfahrt** folgt dem Anstiegsweg. Fährt man nicht zur Hütte zurück, sondern ins Tal ab, hält man sich oberhalb des Tristennöckls links und quert eine Mulde zu einer Einsattelung zwischen Tristennöckl und einer kleinen Kuppe. Von hier über schöne Hänge unmittelbar zum Anstiegsweg und weiter ins Tal.

Rechts: Tristennöckl, auffälliger Felszahn oberhalb der Kasseler Hütte.
Unten: Im Anstieg zum Magerstein, dem winzigen Firngupf am linken Bildrand.

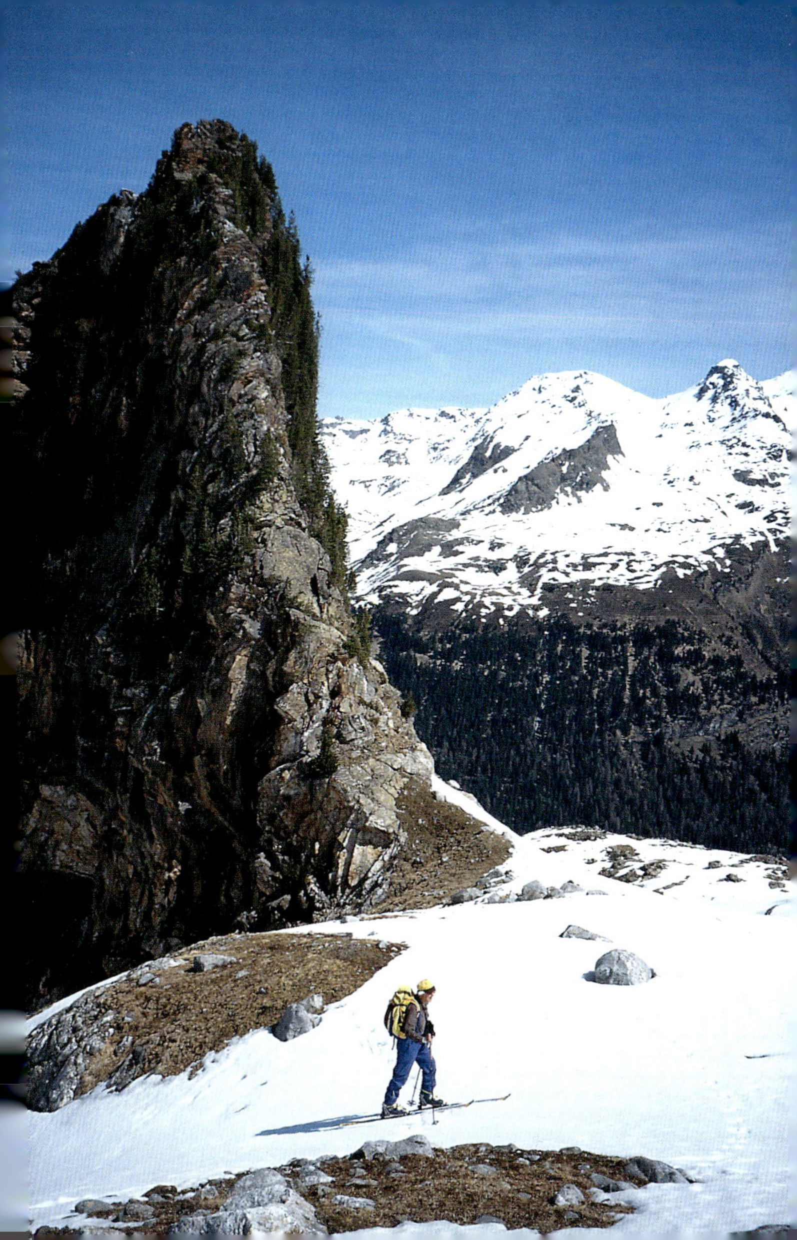

↗ 1800 m | ↘ 1800 m | 12.9 km
7.15 h

7 Schneebiger Nock, 3358 m

Erheblich schwierigerer Nachbar des Magersteins

Für gute Skifahrer ist nicht der Magerstein, sondern der Schneebige Nock das Tourenziel der Wahl. Der riesige Steilhang ist im rechten (im Abfahrtssinne), also östlichen Teil fast spaltenfrei und daher reiner Skigenuss.

Talort: Sand in Taufers, 865 m. Im Pustertal nach Bruneck (Bahnstation). Richtung »Ahrntal« abzweigen und nach Sand in Taufers. Bushaltestelle.
Ausgangspunkt: Rein, 1538 m. Von Sand auf gut ausgebauter Bergstraße nach Rein. Bushaltestelle. Große Parkplätze unterhalb des Dorfes vor den Brücken über Knuttenbach und Reinbach (1540 m). Zwischen den beiden Brücken nach links abzweigen zur »Säge« bzw. zur Talstation der Materialseilbahn, 1590 m.
Aufstiegszeiten: Rein – Kasseler Hütte 2 Std., Kasseler Hütte – Schneebiger Nock 3½ Std.; Gesamtzeit 5½ Std. Als Tagestour (ohne Umweg über die Hütte) knapp ½ Std. kürzer.
Anforderungen: Hochalpine Skitour. Ab Skidepot entsprechende Ausrüstung, Trittsicherheit und Erfahrung, allenfalls Seilsicherung erforderlich.
Hangrichtung: Meist Nordost, Nord.
Orientierung: Bei guter Sicht für erfahrene Skibergsteiger kein Problem, zumeist gespurt.
Lawinengefährdung: Im Winter häufig lawinengefährdet. Im späten Frühjahr rechtzeitige Abfahrt wichtig.
Günstige Zeit: März bis Mai.
Einkehr: Kasseler Hütte (2276 m, auch »Hochgall Hütte«, »Rifugio Roma«), heute Sektion Rom des CAI. Bewirtschaftet im März und April, 75 Schlafplätze, Tel. +39 0474 672550, kasseler-huette.com.

Wichtig für die Orientierung beim Aufstieg zum Schneebigen Nock: die Brücke über den Tristenbach.

Auf dem in der Bewirtschaftungszeit der Hütte gut gespurten Anstieg wie bei Tour 6 zur **Kasseler Hütte** ❷, 2276 m. Nun quert man unter dem Tristennöckl, 2465 m, leicht fallend nach Westen und überquert an einer Brücke die Schlucht des Tristenbaches. Über schöne Hänge durch das Kar aufwärts und über eine Steilstufe (am besten rechts bleiben) hinauf auf die kläglichen Reste des Schneebigen Nock Ferners. Un

Herrlicher Firn bei der Abfahrt vom Schneebigen Nock.

terhalb eines Felsriegels queren wir weit nach rechts bis unter den Gipfelaufbau und errichten hier das Skidepot. Zu Fuß (manchmal sind Steigeisen erforderlich) geht es steil hinauf zum Nordostgrat und über diesen zum **Gipfelkreuz** ❸, 3358 m.

Die **Abfahrt** folgt dem Anstiegsweg. Ist man vom Tal aus unmittelbar aufgestiegen oder will man nicht mehr zur Hütte zurückkehren, quert man natürlich nicht unter dem Tristennöckl, sondern fährt über herrliches Skigelände direkt zum Hüttenanstieg ab.

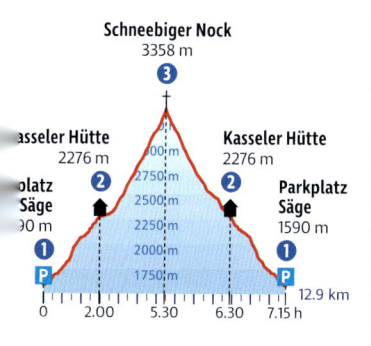

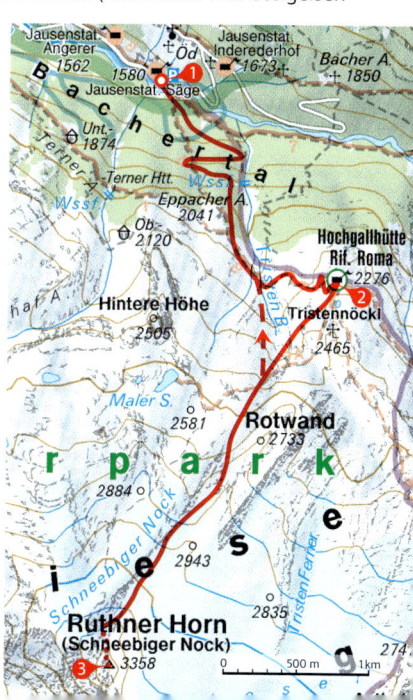

↗ 1400 m | ↘ 1400 m | 10.1 km
5.15 h

8 Merbjoch, 2828 m

Anspruchsvolles Tourenziel mit Gipfeloption

Mit dem Merbjoch wird nur eine Scharte erreicht. Dennoch ist die Tour mit Recht beliebt, vor allem bei einheimischen Tourengehern. Der Anstieg wird im Hochwinter wie im Frühjahr begangen, wobei aber unbedingt auf sichere Bedingungen zu achten ist. In der Vergangenheit gab es bereits mehrere Lawinenunfälle. Ein echter »Gipfelsieg« ist guten Alpinisten vorbehalten und setzt günstige Verhältnisse voraus.

Talort: Prettau im Ahrntal, 1475 m. Im Pustertal nach Bruneck (Bahnstation). Richtung »Ahrntal« abzweigen und durch das Tal nach Prettau. Bushaltestelle.
Ausgangspunkt: Bushaltestelle oder Parkplätze in Prettau unterhalb der Kirche.
Aufstiegszeiten: Prettau – Falkensteinerhof ½ Std., Falkensteinerhof – Merbalm 1¼ Std., Merbalm – Merbjoch 2¼ Std.; Gesamtzeit 4 Std.
Anforderungen: Hochalpine Skitour, deren Steilhänge Tourenerfahrung und gutes skiläuferisches Können verlangen.
Hangrichtung: Vorwiegend Nordwest.
Orientierung: Auch bei fehlenden Spuren nicht besonders schwierig. Zumeist sind aber viele Spuren vorhanden, da die Skitour bei Einheimischen und Gästen sehr beliebt ist.
Lawinengefährdung: Häufig lawinengefährdet. Schneebrettgefahr in den Steilstufen, insbesondere nach Schneefällen mit Windverfrachtung.
Günstige Zeit: Februar bis Mai.
Variante: Lengspitze, 3105 m. Kurzer, teils brüchiger Blockgrat, nach der Sommerbewertung mäßig schwierig (II), bei gutem Stapfschnee mit Steigeisen zwar exponiert, aber nicht allzu schwierig. Bei günstigen Verhältnissen 1 Std. vom Merbjoch.

Der Rauchkofel vom Aufstieg zum Merbjoch.

Auf der Höhe des Gemeindeamtes über die Straße zu einer Brücke und ans andere Ufer des Ahrnbaches. Mit gutem Höhengewinn zum **»Falkensteiner«** ❷, einem Bergbauernhof. Weiter ziemlich steil dem Sommerweg folgend durch den Wald Schließlich biegen wir nach rechts ab und steigen zur **Merbalm** ❸ 2006 m, auf. Die Erholung auf dem

Merbjoch 2828 m
Merbalm 2006 m
Prettau 1475 m

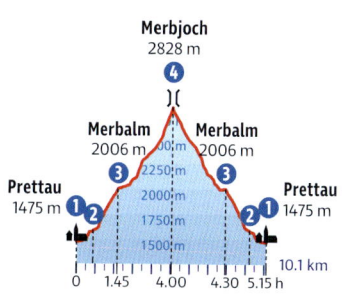

nun folgenden Flachstück ist von kurzer Dauer. Steil und alpin steigt man (mehr am linken Rand einer Mulde) auf. Wieder kurzzeitig gemütlicher, dann kommt die nächste Steilstufe. Sie führt uns zur Mulde, in der früher der Merbgletscher lag. Von hier steil zum **Merbjoch** ❹ 2828 m, hinauf (Jochkreuz).

Die **Abfahrt** folgt dem Anstiegsweg. Vorsicht ist vor allem im obersten Steilhang, aber auch in den steilen Gräben oberhalb der Merbalm erforderlich.

Das Jochkreuz auf dem Merbjoch, rechts davon die Merbspitze.

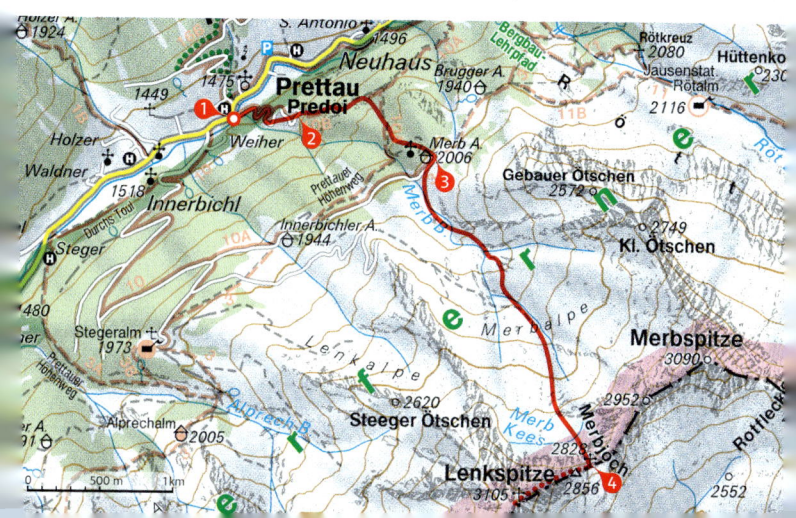

↗ 1700 m | ↘ 1700 m | 16.7 km
6.30 h

9 Untere Rötspitze, 3289 m

Auf den Skigipfel der mächtigen Rötspitze

Die Rötspitze ist der weit nach Süden vorgeschobene, höchste Gipfel des Umbalkammes in der westlichen Venedigergruppe. Ihr Gipfel kann im Winter in der Regel nur durch einen längeren Fußanstieg erreicht werden, der eher selten durchgeführt wird. Ein lohnendes Skitourenziel ist hingegen die Nordschulter des Gipfels, die sogenannte Untere Rötspitze. Sie ist skitechnisch nicht allzu schwierig, aber der lange Anstieg erfordert eine gute Konditon.

Talort: Prettau im Ahrntal, 1475 m. Im Pustertal nach Bruneck (Bahnstation). Richtung »Ahrntal« abzweigen und durch das Tal nach Prettau. Bushaltestelle.

Der untere Teil der Abfahrt durch das Windtal.

Ausgangspunkt: Ortsteil Kasern, 1566 m. Von Prettau talein bis zum Fahrverbot vor dem Beginn des Naturparks »Rieserferner – Ahrn«. Links großer Parkplatz (1600 m).
Aufstiegszeiten: Kasern – Labeseben Alm ¾ Std., Labeseben Alm – Talschluss Windtal 1½ Std., Talschluss – Lenkjöchl Hütte ¾ Std., Lenkjöchl Hütte – Untere Rötspitze 2 Std.; Gesamtzeit 5 Std.
Anforderungen: Bis zur Lenkjöchl Hütte mittelschwer. Schlussanstieg zur Unteren Rötspitze steil, mäßig große Spaltengefahr auf der beschriebenen Route.
Hangrichtung: Vorwiegend Nordost, Nordwest.
Orientierung: Bei guter Sicht für erfahrene Skibergsteiger verhältnismäßig einfach. Bei schlechter Sicht nicht immer einfach zu finden und erhöhte Spaltengefahr.
Lawinengefährdung: Im Windtal teils Gefahr durch Spontanlawinen aus den Flanken, oberhalb der Hütte Schneebrettgefahr in den Steilstufen.
Günstige Zeit: März bis Mai.
Einkehr: Lenkjöchlhütte (Rif. Giogo Lungo, 2590 m). Sektion Bruneck CAI. Sommerbewirtschaftung. Winterraum. Größere Gruppen sollten Kontakt mit dem Hüttenwirt aufnehmen: Richard Steger, Tel. +39 0474 654144 (Hütte), +39 348 7157666 (privat), +39 334 8854207 (mobil), lenkl.com.

Oben: Die Rötspitze von Osten – Blick auf Gipfelanstieg.
Unten: Am Eingang des Windautals versteckt sich die Rötspitze noch rechts ums Eck.

Abfahrt nach Kasern.

Vom **Parkplatz** ❶ in Kasern wandert man auf der Asphaltstraße oder neben der Loipe talein zur **Talschlusshütte**, 1621 m. Nach rechts hinunter und über den Ahrnbach. Vorbei am **Heiliggeist-Kirchl** ❷, 1621 m (für die Besichtigung sollte man nach der Skitour noch etwas Zeit erübrigen) in ansteigender Querung zur **Labeseben Alm** ❸, 1757 m. Durch das lange Windtal steigt man entweder im Talboden oder in der rechten (häufig lawinengefährdeten) Flanke auf, je nach Jahreszeit und Verhältnissen. Ohne

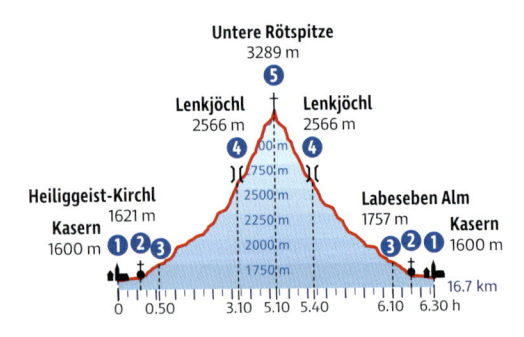

Orientierungsprobleme und mit zunehmend schönerem Blick auf Ahrner Kopf, Untere Rötspitze und Rötspitze zum Talschluss. Von hier geht es, nun etwas steiler, zum **Lenkjöchl** ❹, 2566 m. Die schlichte gleichnamige Hütte liegt etwas oberhalb des Sattels.

Vom **Lenkjöchl** erreicht man nach Süden ansteigend das Rötkees. Man hält sich nun immer am linken Rand des Gletschers, wo die Spaltengefahr vergleichsweise gering ist. Von

Das Heiliggeist-Kirchl in Kasern.

einem breiten Sattel im Nordwestgrat führt nun ein letzter Steilhang hinauf zum Grat, den man links des Gipfels durch eine kleine Scharte betritt. Am Grat nach rechts zuletzt in leichter Kletterei über einige Blöcke zur **Unteren Rötspitze** ❺, 3289 m.

Die **Abfahrt** folgt dem Anstiegsweg. Bei absolut sicheren Schneeverhältnissen kann man von einem kurzen Flachstück auf ca. 3000 m direkt über den anfangs sehr steilen Nordwesthang (Einfahrt ganz links) nördlich an der Hütte vorbei in den Talschluss abfahren.

Variante: Will man zur Rötspitze, wechselt man auf die andere Seite des Grates zum Welitzkees. Den ersten felsigen Grataufschwung kann man links im steilen Schnee umgehen, dann steil ansteigend zum felsigen Gipfelaufbau, der häufig abgeblasen und vereist ist. Über den Blockgrat (I–II) zum Gipfel.

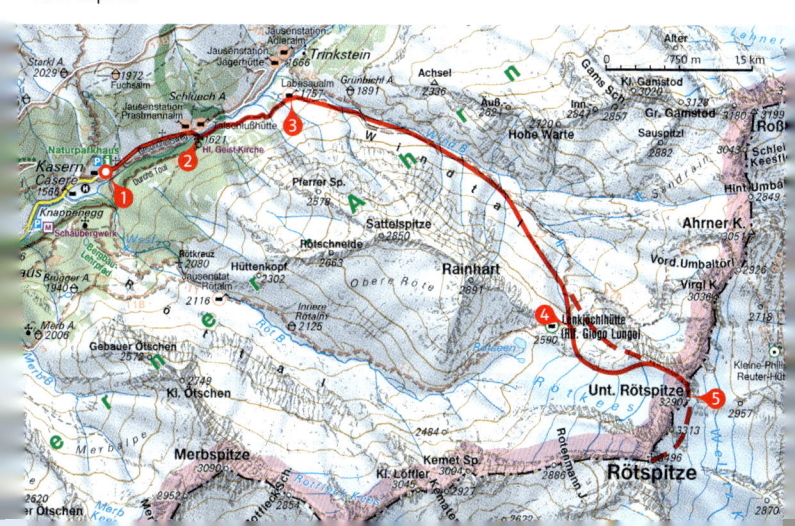

↗ 1450 m | ↘ 1450 m | 15.4 km

10 Ahrner Kopf, 3051 m

5.45 h

Skigenuss zwischen Dreiherrenspitze und Rötspitze

Am Verbindungsgrat zwischen den beiden Eisriesen Dreiherrenspitze und Rötspitze befindet sich ein gletscherfreier Dreitausender, der sich in den letzten Jahren zunehmender Beliebtheit erfreute. Weitläufige Skihänge versprechen besonders bei Firnbedingungen eine herrliche Abfahrt.

Im flachen Teil des Windtals.

Talort: Prettau im Ahrntal, 1475 m. Im Pustertal nach Bruneck (Bahnstation). Richtung »Ahrntal« abzweigen und durch das Tal nach Prettau. Bushaltestelle.
Ausgangspunkt: Ortsteil Kasern, 1566 m. Von Prettau im Ahrntal talein bis zum Fahrverbot vor dem Beginn des Naturparks »Rieserferner – Ahrn«. Links von der Straße großer Parkplatz (etwa 1600 m). Bushaltestelle.
Aufstiegszeiten: Kasern – Labesebenalm ¾ Std., Labesebenalm – Talschluss Windtal 1½ Std., Talschluss – Ahrner Kopf 2¼ Std.; Gesamtzeit 4½ Std.
Anforderungen: Bis zum Talschluss oft wenig Höhengewinn, sanftes Gelände. Vom Talschluss zum Gipfel teilweise steil, gute Skitechnik erforderlich. Zum Gipfel bei günstigen Verhältnissen keine alpinen Schwierigkeiten.
Hangrichtung: Vorwiegend West, Nordwest.
Orientierung: Bei guter Sicht für erfahrene Tourengeher kein Problem.
Lawinengefährdung: Mitunter lawinengefährdet, insbesondere nach stärkeren Schneefällen mit Windverfrachtung im Steilhang unterhalb des Gipfels.
Günstige Zeit: Februar bis Mai.
Einkehr: Talschlusshütte, talschluss-huette.it.
Variante: Achselkopf, etwa 2460 m. Abzweigung bei der Grünbichl Alm, 1891 m. Nach links und dann zunächst mittel-

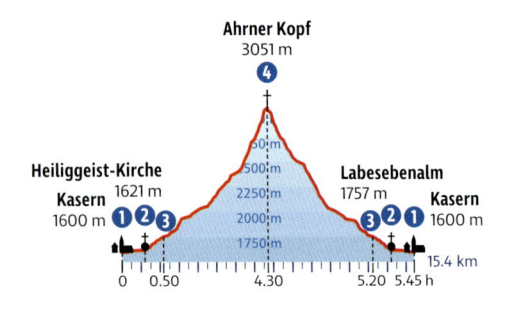

Bei günstigen Bedingungen kann man einen Teil des Südgrats mit Ski begehen.

steil zur Achsel. Nun sehr steil weiter zum Achselkopf. 3 Std. vom Parkplatz in Kasern. Und auch mit der Achsel, 2336 m, hat man bereits ein schönes Skitourenziel erreicht. 2½ Std. vom Parkplatz in Kasern.

Vom **Parkplatz** ❶ in Kasern auf der Straße oder neben der Loipe zur **Talschlusshütte**, 1621 m. Über den Ahrnbach am **Heiliggeist-Kirchl** ❷, 1621 m, vorbei und den Nordhang schräg ansteigend zur **Labeseben Alm** ❸, 1757 m. Nun nach Osten ins Windtal und anfangs flach (»Windtalmoos«), dann etwas steiler zum Talschluss. Dem rechten Ast der sich verzweigenden Bäche folgen, dann Richtung Osten über die teilweise steile Flanke in einen Sattel rechts (südlich) des Gipfels. Über den blockigen Südgrat zu Fuß oder teils noch mit Ski unschwierig zum **Gipfel** ❹, 3051 m.
Die **Abfahrt** folgt dem Anstiegsweg.

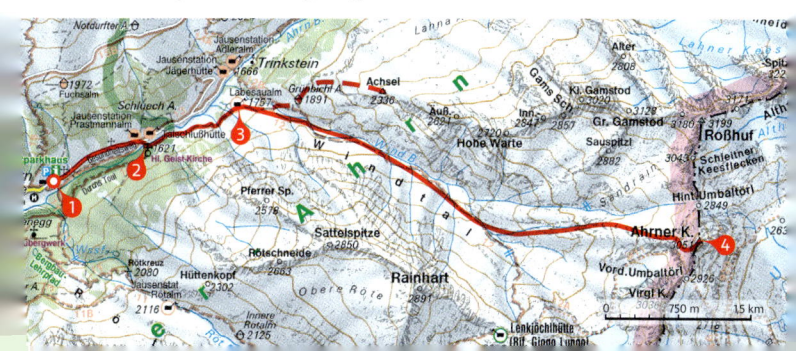

↗ 1200 m | ↘ 1200 m | 12.7 km
5.00 h

11 Schientalkopf, 2773 m

Beliebte mittelschwierige Skitour nahe dem Krimmler Tauern

Der hohe Ausgangspunkt und die geschützte Lage im hintersten Ahrntal garantieren trotz der sonnseitigen Lage gute Schneeverhältnisse bis Ende April. Zwei Vorteile der sonnigen Lage: Die oft grimmige Kälte im Frühwinter wird nicht so spürbar; die Schmelzumwandlung des Schnees setzt verhältnismäßig früh ein, die Schneedecke stabilisiert sich und erfreut die Tourengeher manchmal bereits im Februar mit Firn. Was will man mehr?

Talort: Prettau im Ahrntal, 1475 m. Im Pustertal nach Bruneck (Bahnstation). Richtung »Ahrntal« abzweigen und durch das Tal nach Prettau. Bushaltestelle.
Ausgangspunkt: Ortsteil Kasern, 1566 m. Von Prettau talein bis zum Fahrverbot vor dem Beginn des Naturparks »Rieserferner – Ahrn«. Links von der Straße großer Parkplatz (etwa 1600 m). Bushaltestelle.
Aufstiegszeiten: Kasern – Talschlusshütte ¼ Std., Talschlusshütte – Adleralm ½ Std., Adleralm – Obere Tauern Alm 1¼ Std., Obere Tauern Alm – Schientalkopf 2 Std.; Gesamtzeit 4 Std.
Anforderungen: Ausgesprochene Genuss-Skitour ohne besondere Schwierigkeiten. Mittelsteile Hänge erfordern allerdings gutes skiläuferisches Können, um Spaß zu haben.
Hangrichtung: Vorwiegend Südost.
Orientierung: Bei guter Sicht für erfahrene Kartenleser einfach, fast immer gespurt.
Lawinengefährdung: Mitunter lawinengefährdet, insbesondere nach stärkeren Schneefällen und/oder Windverfrachtung (Alpenhauptkamm!).
Günstige Zeit: Januar bis April.
Einkehr: Talschlusshütte, talschlusshuette.it. Adleralm, adleralm.com.
Variante: Tauernkogel, 2872 m. Über den Krimmler Tauern. Nach etwas Höhenverlust über den Westhang auf den Tauernkogel. 1 Std. vom Krimmler Tauern.

Gipfelanstieg vor der Dreiherrnspitze.

Vom **Parkplatz** ❶ in Kasern auf dem Fahrweg nahezu eben zur **Talschlusshütte** ❷, 1621 m (Jausenstation), und weiter zur **Adleralm** ❸, 1666 m (Jausenstation). Bisher

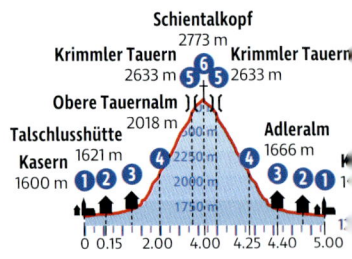

Talschlusshütte oder Tourenabschlusshütte?

war der Höhengewinn eher mäßig. Nun aber nur mehr kurz talein, dann geht es über den ansehnlich steilen Südwesthang zur **Oberen Tauern Alm** ❹, 2018 m. Nun deutlich flacher weiter in der Grundrichtung Nord, aber allmählich leicht links abbiegend, bis in eine Höhe von 2500 m. Die Krimmler Tauern Hütte (ehem. Neugersdorfer Hütte), 2568 m, bleibt rechts liegen. Unterhalb des **Krimmler Tauerns** ❺, 2633 m, links haltend zum Ostgrat des Schientalkopfs. Über diesen Rücken oder etwas weiter rechts in der Nordflanke zum **Gipfel** ❻, 2773 m. Die **Abfahrt** folgt dem Anstiegsweg.

12 Dreiecker, 2892 m

↗ 1300 m | ↘ 1300 m | 10.3 km
5.00 h

Sportlicher Anstieg aus dem Ahrntal

Der Dreiecker, ein ansehnlicher Skigipfel mit prachtvoller Abfahrt ohne Flachstellen, ist der südlichste Endpunkt des Kammes, der von der Reichenspitze nach Süden zieht. Von Nordtirol her zieht sich auch der Anstieg, und zwar ganz gewaltig! Kürzer und skiläuferisch viel schöner erreicht man den Gipfel des Dreiecker, wenn man ihn von der Südtiroler Seite aus angeht, also aus dem Ahrntal. Wir haben beides probiert und können versichern: Kein Vergleich!

Talort: Prettau im Ahrntal, 1475 m. Im Pustertal nach Bruneck (Bahnstation). Richtung »Ahrntal« abzweigen und durch das Tal nach Prettau. Bushaltestelle.
Ausgangspunkt: Ortsteil Kasern, 1566 m. Von Prettau talein bis zum Fahrverbot vor dem Beginn des Naturparks »Rieserferner – Ahrn«. Links von der Straße großer Parkplatz, etwa 1600 m. Bushaltestelle.
Aufstiegszeiten: Kasern – Talschlusshütte ¼ Std., Talschlusshütte – Notdurfter Alm 1 Std., Notdurfter Alm – Dreiecker 2¾ Std.; Gesamtzeit 4 Std.
Anforderungen: Gipfelhang sehr steil, gute Felltechnik im Aufstieg und ebensolche Skitechnik in der Abfahrt erforderlich. Bei Hartschnee Abrutschgefahr!
Hangrichtung: Vorwiegend Südost.
Orientierung: Bei guter Sicht für erfahrene Tourengeher einfach.
Lawinengefährdung: Mitunter lawinengefährdet, im Gipfelbereich vor allem nach stärkeren Schneefällen mit Windverfrachtung. Wegen der sonnseitigen Lage Tageserwärmung beachten, frühzeitig aufbrechen.
Günstige Zeit: Februar bis April.
Einkehr: Talschlusshütte, talschlusshuette.it.
Variante: Winkelkopf, 2857 m. Südwestlich des Dreiecker. Ab Waldgrenze links halten. Mittelschwer, 3½ Std.

Schütterer Wald im unteren Teil des Aufstiegs zum Dreiecker.

Vom **Parkplatz** ❶ in Kasern auf dem Fahrweg oder neben der Loipe zur **Talschlusshütte** ❷ in Heiliggeist, 1621 m. Rechts vom schlucht-

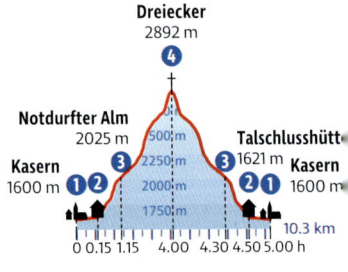

Blick von Süden zum Dreiecker (ganz rechts) und zum mächtigen Rauchkofel (Mitte).

artig eingeschnittenen Noblassbach steigt man steil zu den Almböden der **Notdurfter Alm** ❸, 2025 m, auf. Weiter geht es rechts von der auffallenden Geieregg Schneid im Zick-Zack über einen Steilaufschwung in den oberen Karboden. Etwas rechts ausholend erreicht man den Gipfelhang, dessen steilen, oberen Teil man links über den Südgrat umgeht. Über den meist abgeblasenen Grat zum Gipfel des **Dreiecker** ❹, 2892 m. Von hier haben wir eine prachtvolle Aussicht in mehrere Gebirgsgruppen, nach Westen in die Zillertaler Alpen, nach Norden auf die Reichspitzgruppe und nach Osten in die Hohen Tauern!

Die **Abfahrt** folgt dem Anstiegsweg. Kunstfreunde besuchen nach der Tour das Heiliggeist-Kirchl (eindrucksvolle gotische Fresken).

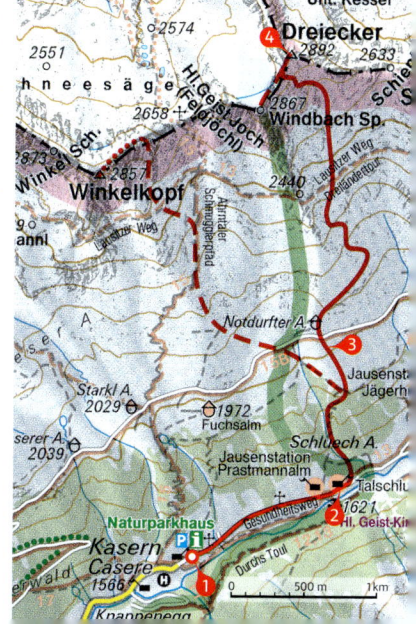

↗ 1500 m | ↘ 1500 m | 11.5 km
5.15 h

13 Löffelspitze 3009 m

Firnkare über dem Ahrntal

Im hinteren Ahrntal gibt es eine ganze Reihe an langen und anspruchsvollen Skitouren. Die Löffelspitze oberhalb St. Peter ist davon eine der moderateren, da man mit dem Auto noch ein Stück über den steilen Südhang hinauffahren kann und die zu bewältigenden Aufstiegshöhenmeter so unter 1600 bleiben. Auch die technischen Schwierigkeiten sind moderat, obwohl einige steilere Hänge bei gefrorener Schneeoberfläche Harscheisen im Aufstieg erfordern. Bei guten Bedingungen lässt sich der Gipfel aber in der Regel mit Ski erreichen. Ein herrliches Panorama und eine traumhafte Abfahrt über riesige freie Südhänge sind der Lohn für die Aufstiegsmühen.

Talort: St. Johann im Ahrntal 1051 m, im Pustertal nach Bruneck (Bahnstation) Richtung »Ahrntal« abzweigen und durch das Tal bis nach St. Johann, Bushaltestelle.
Ausgangspunkt: Feichtenbergerhof, 1513 m, von St. Johann talaufwärts, bis kurz vor St. Peter links eine schmale Bergstraße abzweigt (Ausschilderung »Winkler«). Auf ihr bis zum Fahrverbot beim Feichtenbergerhof, Parkplatz für 3–5 PKW vor der Schranke.
Aufstiegszeiten: Feichtenberger – Taseralm ½ Std., Taseram – Griesbachsee 2½ Std., Griesbachsee – Löffelspitze 1½ Std., Gesamt 4½ Std.

An der Taseralm erreicht man den Beginn des riesigen Kares.

Oben: Originell markierte Aufstiegsroute.
Unten: Viel Platz und tolle Aussicht bei der Abfahrt.

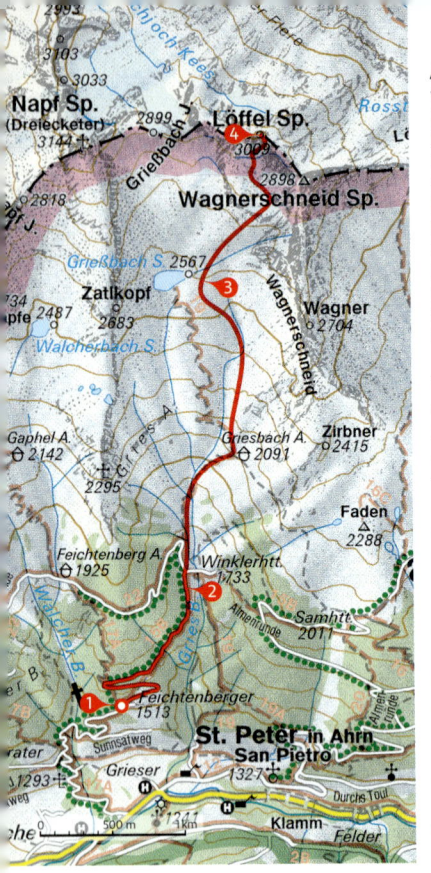

Anforderungen: Ab der Taseralm durchweg freies und überwiegend mittelsteiles Skigelände, einige Steilstufen, insbesondere oberhalb der Taseralm und unter dem Gipfel, erfordern Spitzkehrentechnik.
Hangrichtung: Vorwiegend Süd.
Orientierung: Bei guter Sicht unproblematisch.
Lawinengefährdung: Stabile Schneeverhältnisse erforderlich, vor allem im Gipfelhang.
Günstige Zeit: Februar bis April.

Von der Schranke ❶ folgt man der Almstraße in zwei Kehren bis zur **Taseralm** ❷, 1720 m. Der flache Almkessel wird nach Norden von einer Steilstufe mit Wasserfall abgeschlossen, die man auf der rechten Seite über eine licht bewaldete, etwas steilere Rampe zur Griesbachalm überwindet. Herrliches freies Skigelände führt nun auf der rechten Seite des riesigen Kares aufwärts. Eine kurze Steilstufe wird links zum **Griesbachsee** ❸, 2567 m, hin umgangen. Den steilen Gipfelhang erreicht man von einer nach rechts ziehenden Rampe und wenige Spitzkehren danach steht man am höchsten Punkt der **Löffelspitze** ❹, 3009 m.
Abfahrt wie Aufstieg.

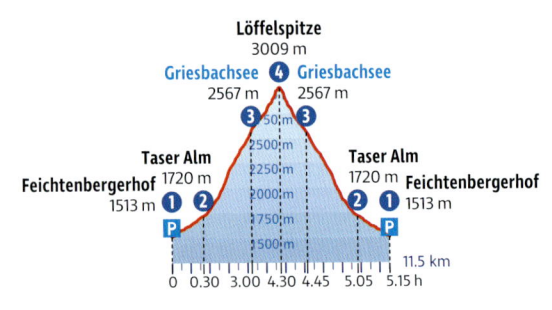

↗ 1900 m | ↘ 1900 m | 15.3 km
7.30 h

Schwarzenstein, 3369 m

TOP 14

Konditionstest am Zillertaler Alpenhauptkamm

Der Schwarzenstein ist einer der mächtigsten Eisriesen der Zillertaler Alpen. Während er nordseitig noch stark vergletschert ist, befinden sich auf seiner Südseite nur noch ein paar kleine Gletscherreste, für die bei einer Skibesteigung kaum jemand die komplette Gletscherausrüstung mitschleppt. Auch auf der nordseitigen Gletscherabdachung ist die Spaltengefahr entlang der üblichen Route gering. Nur Steigeisen können bei Vereisung an der kurzen Steilstufe über die Wechte oberhalb der Schwarzensteinhütte (im Winter geschlossen) nötig sein. Diese Skitour gehört mit fast 2000 Höhenmetern zu den längsten dieses Führers. Sie ist aber sehr beliebt und bei guten Verhältnissen wird man hier selten alleine sein.

Talort: St. Johann im Ahrntal 1051 m, Im Pustertal nach Bruneck (Bahnstation) Richtung »Ahrntal« abzweigen und durch das Tal bis nach St. Johann, Bushaltestelle.
Ausgangspunkt: Gasthaus Stallila 1479 m, von St. Johann auf schmaler Bergstraße erreichbar. Großer Parkplatz.
Aufstiegszeiten: Stallila – Rotbachalm 1 Std., Rotbachalm – Schwarzensteinhütte 3½ Std., Schwarzensteinhütte – Schwarzenstein 1½ Std.
Anforderungen: Oft steiles Gelände, bei Hartschnee teils Absturzgefahr, sicheres Gehen mit Harscheisen erforderlich. Für die Steilstufe (Wechte) auf das Schwarzensteinkees können bei ungünstigen Bedingungen Steigeisen erforderlich sein.

Typisch für die südseitigen Skitouren im Ahrntal sind steile Kare.

Die neue Schwarzensteinhütte ist im Winter geschlossen.

Hangrichtung: Überwiegend Süd, Gipfelanstieg nordseitig.
Orientierung: Besonders auf dem Gipfelplateau ist gute Sicht erforderlich.
Lawinengefährdung: Nur bei stabilen Schneeverhältnissen. Im Rotbachtal sind riesige Hänge zu passieren, deren Lawinen oft weit in den Talgrund vorstoßen.
Günstige Zeit: März und April.
Variante: Vom gleichen Ausgangspunkt kann man entlang einer Fahrstraße, die am vorderen Ende des Parkplatzes beginnt, in der Ostflanke des Rotbergs zur Oberhüttenalm, 1859 m, aufsteigen. Von dort führen schöne Skihänge an der Kegelgasslalm (früher Tribbachalm) vorbei hinauf zur Schwarzensteinhütte. Diese Variante ist skitechnisch einfacher, allerdings ostseitig und firnt daher wesentlich früher auf.

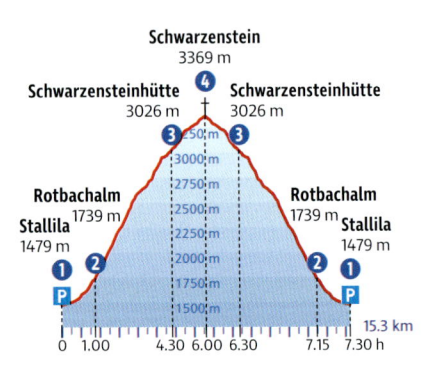

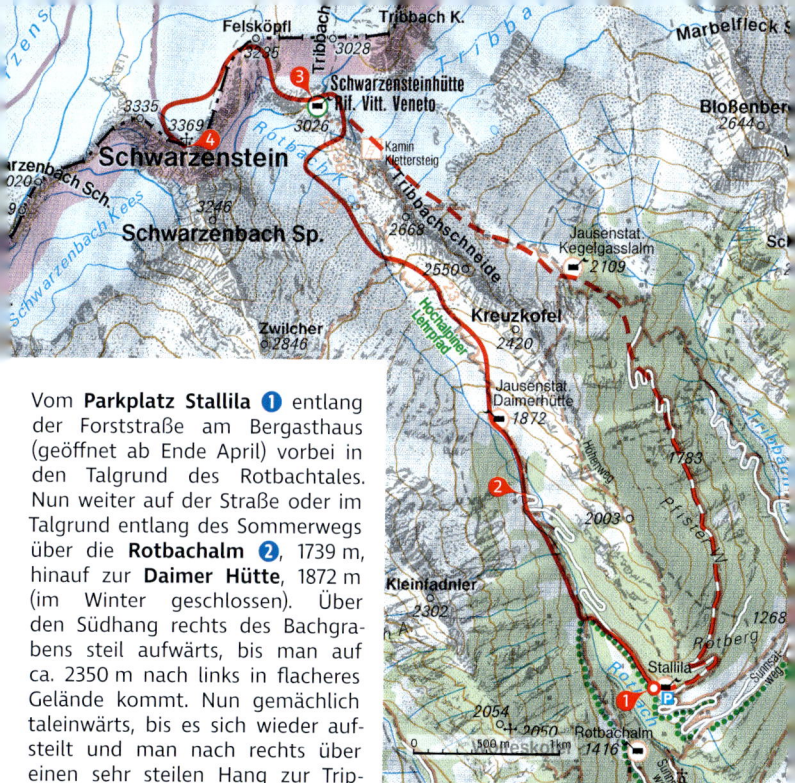

Vom **Parkplatz Stallila** ❶ entlang der Forststraße am Bergasthaus (geöffnet ab Ende April) vorbei in den Talgrund des Rotbachtales. Nun weiter auf der Straße oder im Talgrund entlang des Sommerwegs über die **Rotbachalm** ❷, 1739 m, hinauf zur **Daimer Hütte**, 1872 m (im Winter geschlossen). Über den Südhang rechts des Bachgrabens steil aufwärts, bis man auf ca. 2350 m nach links in flacheres Gelände kommt. Nun gemächlich taleinwärts, bis es sich wieder aufsteilt und man nach rechts über einen sehr steilen Hang zur Trippachschneide gelangt, hinter der es deutlich flacher wird. Nach Norden steigt man nun am futuristisch anmutenden Neubau der **Schwarzensteinhütte** ❸, 3026 m, vorbei bis unter das steile Felsköpfl. Links davon gelangt man über einen kurzen Steilhang unter die Wächte und – hier muss man die Ski meist für einige Meter abschnallen – auf das Schwarzensteinkees. Über den flachen Gletscher nach Osten, nördlich am Gipfel vorbei, auf den Nordwestgrat. Über diesen mit Ski meist bis kurz vor den Gipfel und die letzten Meter über ein paar einfache Felsblöcke zu Fuß zum Gipfelkreuz des **Schwarzensteins** ❹, 3369 m.
Abfahrt wie Aufstieg.

Steile Einfahrt von der Wächte südlich des Felsköpfls.

15 Fünfte Hornspitze, 3109 m

↗ 1750 m | ↘ 1750 m | 15.6 km | 6.00 h

Parade-Skigipfel im Zillertaler Hauptkamm

Im Vergleich zu den anderen Dreitausendern im Zillertaler Hauptkamm (etwa zum Schwarzenstein) ist die Fünfte Hornspitze geradezu eine Genusstour, wenn auch nur für konditionsstarke Skibergsteiger. Diese Aussage gilt nicht nur für die Länge des Anstiegs, sondern auch für die Abfahrt, die bei günstigen Schneeverhältnissen einfach herrlich ist, sowohl bei Pulver, der sich allerdings wegen der extremen Südlage im unteren Teil nicht lange hält, als auch bei Firn.

Talort: Sand in Taufers, 865 m. Im Pustertal nach Bruneck (Bahnstation). Richtung »Ahrntal« abzweigen und nach Sand in Taufers. Bushaltestelle.
Ausgangspunkt: Weißenbach, ca. 1380 m. Von Sand i. T. weiter talein nach Luttach. Hier abzweigen nach Weißenbach und zum Parkplatz 1,5 km westlich des Dorfes.
Aufstiegszeiten: Parkplatz – Tratteralm 1¼ Std., Tratteralm – Gögenalm ½ Std., Gögenalm – Fünfte Hornspitze 3 Std. Gesamtzeit 4¾ Std.

Anforderungen: Bis zum Skigipfel technisch einfach bis mittelschwierig. Die letzten Meter zum Hauptgipfel sind heikle Winterkletterei, die kaum unternommen wird.
Hangrichtung: Vorwiegend Süd, Südost.
Orientierung: Bei guter Sicht für erfahrene Tourengeher verhältnismäßig einfach.
Lawinengefährdung: Mitunter lawinengefährdet, insbesondere nach stärkeren Schneefällen mit Windverfrachtung.

Der Gipfel ist in Sicht – aber noch weit.

Kunstvoller Steinmann am Weg.

Vorsicht besonders bei der direkten Abfahrtsvariante!

Günstige Zeit: Januar bis April, im Mai evtl. mit Bike zur Gögenalm möglich.

Beinahe schon dörflichen Charakter hat die Gögenalm.

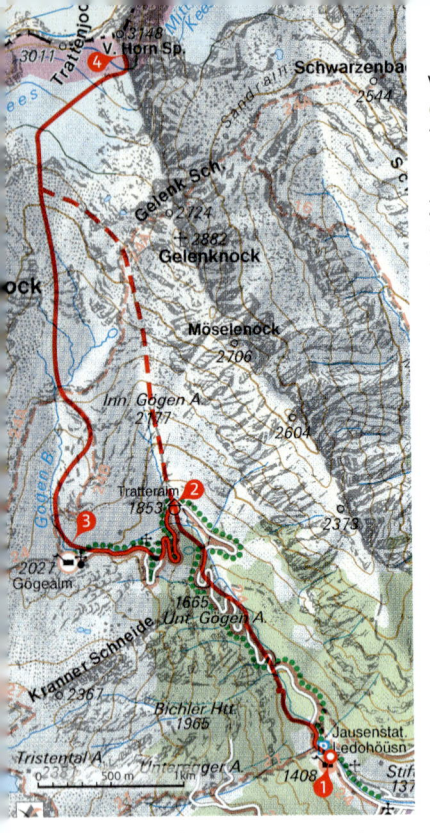

Vom **Parkplatz** ❶ wandert man auf einer Forststraße bequem zur **Tratteralm** ❷, 1853 m. Unser Anstieg biegt nun scharf nach links ab, um einen Felsaufschwung zu umgehen. Ziemlich steil steigen wir in ein weites Talbecken auf zur **Gögenalm** ❸, 2027 m. Neben einer Almhütte steht hier auch eine kleine Kirche, die nach einem Lawinenunfall gestiftet wurde. Deutlich gemütlicher geht es jetzt nach Norden hinauf bis in das Becken des früheren Trattenkees, das bereits zur Gänze abgeschmolzen ist. Hier schwenkt man nach Osten und steuert den breiten Rücken an, der vom Südgrat der Fünften Hornspitze herabzieht. In mäßiger Steilheit auf dem Rücken bis zum **Skigipfel** ❹, 3109 m, mit Kreuz. Der Gratübergang zum etwa 40 m höheren Hauptgipfel ist heikel und wird im Winter fast nie durchgeführt.

Die **Abfahrt** folgt dem Anstiegsweg. Lohnende Abfahrtsvariante: In einer Höhe von etwa 2500 m nach links queren und unmittelbar zur Tratteralm abfahren. Doch Vorsicht, häufig lawinengefährdet!

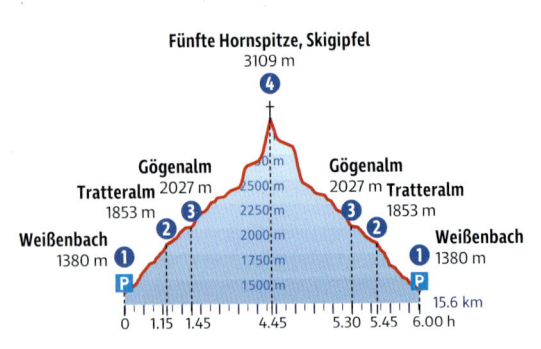

↗ 1095 m | ↘ 1095 m | 9.7 km

4.15 h

Henne (Gorner Berg), 2475 m — 16

Eine der beliebtesten Skitouren im Weißenbachtal

Die sonnseitigen Touren im Weißenbachtal sind durchweg lang und zum Teil auch recht schwierig. Ganz anders die schattseitigen Touren. Sie sind leicht und bei vernünftiger Spuranlage wenig lawinengefährdet. Aber auch sie haben ihre Schwächen. Im unteren Teil finden wir zumeist ein Fahrsträßchen oder einen Waldweg vor. Das gilt auch für die Henne. Übrigens: Diese Bezeichnung wird von den Einheimischen verwendet, auf Landkarten steht bei unserem Gipfel meist »Gorner Berg«.

Talort: Sand in Taufers, 865 m. Im Pustertal nach Bruneck (Bahnstation). Richtung »Ahrntal« abzweigen und nach Sand in Taufers. Bushaltestelle.
Ausgangspunkt: Weißenbach, ca. 1380 m. Bushaltestelle. Von Sand in Taufers weiter talein nach Luttach. Hier links abzweigen nach Weißenbach. Parkplatz 1,5 km westlich des Dorfes rechts des Bachs vor dem Stifterhof.
Aufstiegszeiten: Parkplatz – Reichegger Alm 1 Std., Reichegger Alm – Kreuztaljöchl 2 Std., Kreuztaljöchl – Henne ½ Std.; Gesamtzeit 3½ Std.
Anforderungen: Leichte Skitour, allenfalls bei Vereisung auf dem Weg etwas unangenehm.
Hangrichtung: Meist Nordwest, Nord.
Orientierung: Bei guter Sicht sehr einfach.
Lawinengefährdung: Bei vernünftiger Spuranlage kaum lawinengefährdet, wenn man den Umweg über das Joch wählt und nicht direkt zum Gipfel aufsteigt.
Günstige Zeit: Dezember bis April.
Einkehr: Pircher Alm, +39 349 870 4902.
Variante: Tristenspitze, 2716 m (»Skigipfel«, 2640 m). Bei einer Almhütte aus dem Wurmtal nach rechts Richtung Lappacher Jöchl abzweigen. Noch vor dem Jöchl zum Skigipfel aufsteigen (Hauptgipfel wird im Winter kaum einmal bestiegen, schwierig). 4 Std. Deutlich häufiger lawinengefährdet als die Skitour auf die Henne.

Tristenspitze – schwierigere Variante zur Henne.

Am hinteren Ende des **Parkplatzes** ❶ über die Brücke und direkt gegenüber die Rodelbahn aufwärts bis zum Wald. Nun rechts des Tristenbachs weiter durch eine Waldschneise und entlang der Kehren des Almwegs bis zu den Wiesen der **Reichegger Alm** ❷, 1672 m. In der Folge zweigen wir nicht nach rechts zum Lappacher Jöchl ab, sondern steigen im Wurmtal links an der Pircher Alm vorbei auf. Das Tal ist zunächst ziemlich flach und wird erst am Ende etwas steiler. Hier gibt es zwei Möglichkeiten: Meistens führt eine Spur relativ direkt über den Nordwesthang zum **Gipfel** ❹, 2475 m – bei kritischen Bedingungen kann man den Hang rechts über das **Kreuztaljöchl** ❸, 2331 m, umgehen.

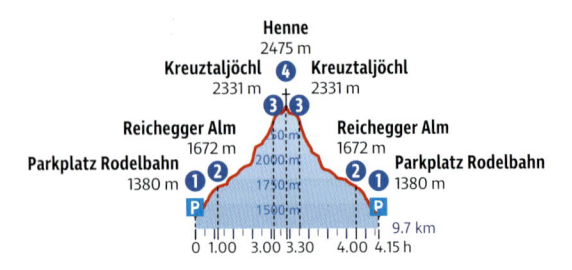

Die Abfahrt folgt dem Anstiegsweg. Bei geringer Schneelage bleibt man unterhalb der Pircheralm rechs vom Bach und fährt auf dem Fahrweg ab, der meist als Rodelbahn präpariert wird.

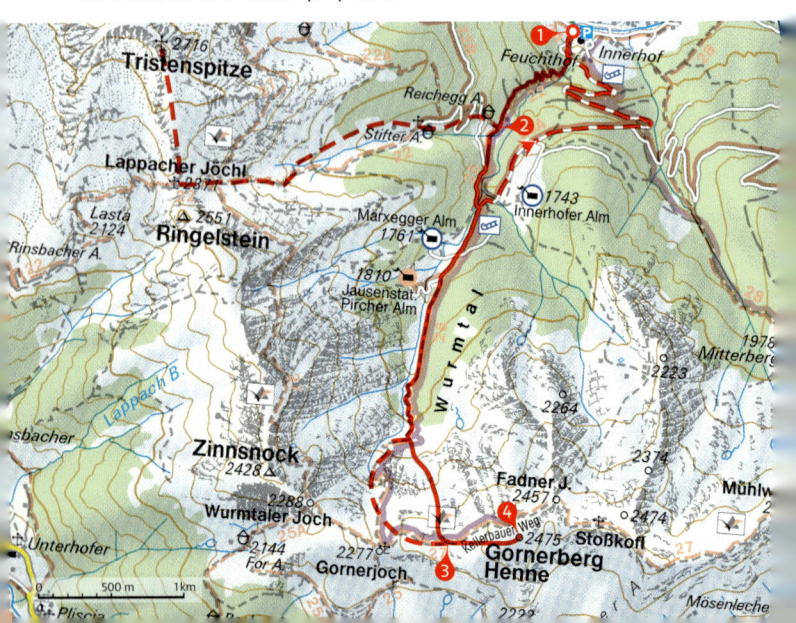

↗ 1150 m | ↘ 1150 m | 11.6 km

5.00 h

Speikboden, 2517 m — 17

Skitour auf der »Genussseite« des Weißenbachtals

Kaum ein Tourengebiet hat zwei derart unterschiedliche Gesichter wie das Weißenbachtal. Hochalpin, lang und anspruchsvoll sind die Südtouren. Sie führen mit großen Höhenunterschieden zu Gipfeln im Zillertaler Hauptkamm. Ganz anders schaut es auf der Schattseite aus. Knappe 1200 Höhenmeter trennen Weißenbach von unserem Gipfel. Es sind gemütliche, genussreiche Höhenmeter. Großartig ist die Aussicht zu den Dreitausendern des Alpenhauptkamms, eigenartig der Blick hinab auf das Liftgebiet »Speikboden«. Wie aus einem Flugzeug!

Talort: Sand in Taufers, 865 m. Im Pustertal nach Bruneck (Bahnstation). Richtung »Ahrntal« abzweigen und nach Sand in Taufers. Bushaltestelle.

Ausgangspunkt: Weißenbach, ca. 1380 m. Bushaltestelle. Von Sand in Taufers weiter talein nach Luttach. Hier links abzweigen nach Weißenbach. Parkplatz 1,5 km westlich des Dorfes rechts des Bachs vor dem Stifterhof.

Aufstiegszeiten: Parkplatz – Mitterberger Alm 2 Std., Mitterberger Alm – Mühlwalder Joch 1¼ Std., Mühlwalder Joch – Speikboden ¾ Std.; Gesamtzeit 4 Std.

Anforderungen: Leichte Skitour, im unteren Teil teilweise Forststraße, im obe-

Prächtiges Skigelände im Aufstieg zum Speikboden.

Gewaltige Ausblicke zum Zillertaler Hauptkamm.

ren Teil sanfte Hänge.
Hangrichtung: Vorwiegend Nordwest.
Orientierung: Bei guter Sicht für erfahrene Tourengeher einfach.

Lawinengefährdung: Bei vernünftiger Wahl der Aufstiegs- und Abfahrtsspur kaum lawinengefährdet.
Günstige Zeit: Dezember bis April.

Am hinteren Ende des **Parkplatzes** ❶ über die Brücke und direkt gegenüber die Rodelbahn aufwärts. An der Brücke über den Tristenbach nicht rechts weiter (zur Henne), sondern auf der Rodelbahn noch etwa 20 Minuten weiter folgen bis zu einer Gabelung kurz nach der dritten Kehre. Hier biegt man links ab und erreicht bald freies Gelände. Auf der rechten Talseite ansteigend in den Graben und im Talschluss links aus ihm hinaus zur

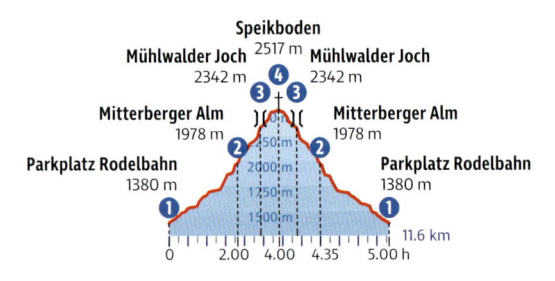

Oben: Am Gipfelgrat des Speikbodens.
Unten: Nach dem Aufstieg folgt der Abfahrtsspaß.

Gleich ist der Gipfel des Speikbodens erreicht.

Mitterberger Alm ❷, 1978 m. In sanftem Aufstieg durch eine weite Mulde, erst zuletzt etwas steiler, zum **Mühlwalder Joch** ❸, 2342 m. Über den häufig etwas abgeblasenen Westrücken erreicht man einen Vorgipfel (Seewassernock, 2516 m) und wenig später den **Speikboden** ❹, 2517 m, mit seinem mächtigen Metallkreuz. Der Gipfel wird auch aus dem Liftgebiet erstiegen. Der Speikboden ist einer der schönsten Aussichtsgipfel im Pustertal und kann sich getrost mit dem bekannteren Kronplatz messen. Eindrucksvoll ist sowohl der Nahblick in die Zillertaler Alpen als auch die Fernsicht in die Dolomiten.

Die **Abfahrt** folgt dem Anstiegsweg.

↗ 1520 m | ↘ 1520 m | 13.7 km

6.30 h

Hoher Weißzint, 3370 m — 18

Parade-Skigipfel über dem Neves Stausee

Der Große Möseler ist der höchste Gipfel in der Runde der stattlichen Dreitausender um den Neves-Stausee. Vom Parkplatz aus wirkt der Hohe Weißzint aber eindrucksvoller, und die Abfahrt ist zum Teil steiler und abwechslungsreicher. Ein empfehlenswertes Skiziel für das späte Frühjahr, allerdings nur für konditionsstarke Tourengeher.

Talort: Lappach, 1436 m. Im Pustertal nach Bruneck (Bahnstation). Richtung »Ahrntal« abzweigen und nach Mühlen. Richtung West durch das Mühlwalder Tal nach Lappach. Bushaltestelle.
Ausgangspunkt: Staumauer Neves Stausee, 1856 m. Von Lappach auf schmaler Bergstraße zum See. Straße ab Mai meist befahrbar. Beschränkter Parkplatz bei der Staumauer. Ansonsten startet man an der Schranke bei Oberlappach (1630 m, 45 Min. länger).
Aufstiegszeit: Parkplatz – Eisbruggjoch 2½ Std., Eisbruggjoch – Obere Weißzintscharte 1¾ Std., Obere Weißzintscharte – Hoher Weißzint ¾ Std.; Gesamtzeit 5 Std.
Anforderungen: Hochalpine Skitour. Entsprechende Tourenerfahrung, Gletscherausrüstung und Kondition erforderlich.
Hangrichtung: Vorwiegend Südwest bis Südost.
Orientierung: Im unteren Teil einfach, ab Eisbruggjoch nur bei guter Sicht.
Lawinengefährdung: Häufig lawinengefährdet, vor allem im Pfeifholdertal und im Steilhang über dem Eisbruggjoch.
Günstige Zeit: April bis Mai.

Vom **Parkplatz** ❶ über die Staumauer und auf einem Fahrweg den See entlang bis zur Abzweigung des Sommerweges ins Pfeifholdertal. Ist die Staumauer gesperrt oder findet man keinen Parkplatz mehr, fährt man den See entlang etwa 700 m weiter bis zum Fahrverbot. Große Parkplät-

Weißzint in zauberhaftem Morgenlicht.

Der Hohe Weißzint, links davon die Obere Weißzintscharte, rechts die Schlegeisscharte.

ze. Von hier aus umrundet man den See im Norden (gleichfalls Fahrweg). Von einer Überschreitung des zugefrorenen Sees ist abzuraten. Durch die Wasserentnahme entstehen Lufträume unterhalb der Eisdecke, die einbrechen können.

In beiden Fällen ungefähr dem Verlauf des Sommerweges folgen. In Kehren über den ersten Steilhang, dann teilweise fast eben, durch das Pfeifholdertal. Zuletzt wieder steiler zur Eisbruggjochhütte, 2545 m. Oder kürzer: vor dem letzten Aufschwung zum **Eisbruggjoch** ❷, 2534 m, nach rechts aufsteigen. Ein großartiger Steilhang führt zum und durch das Weißzintkar zum Kleinen Weißzint-

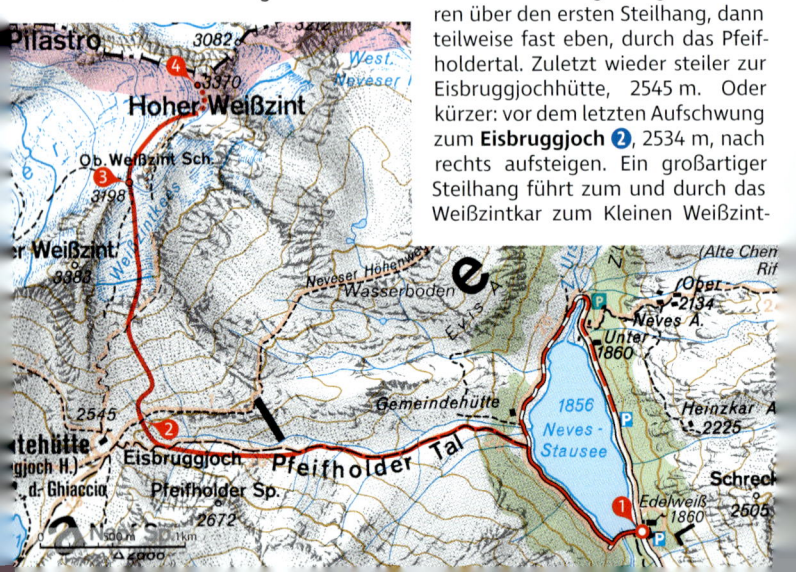

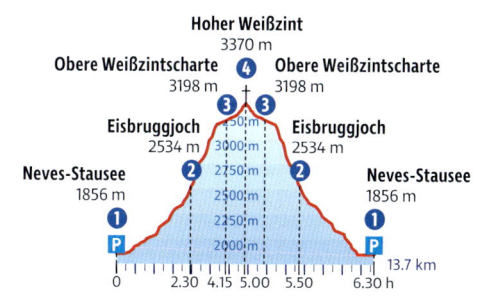

```
                    Hoher Weißzint
                       3370 m
      Obere Weißzintscharte  ❹  Obere Weißzintscharte
           3198 m                    3198 m
                        ❸ ❸
            Eisbruggjoch   3000 m   Eisbruggjoch
              2534 m                   2534 m
  Neves-Stausee        ❷  2750 m              Neves-Stausee
     1856 m               2500 m  ❷              1856 m
                          2250 m
              ❶           2000 m           ❶
              P                            P
                                                    13.7 km
         0        2.30 4.15 5.00  5.50   6.30 h
```

kees und zur **Oberen Weißzintscharte** ❸, 3198 m. Nun entweder zu Fuß über den ziemlich langen Gratrücken zum Gipfel, oder (empfehlenswerter, weil bei günstigen Verhältnissen mit Ski zum Gipfel) über die Scharte und leicht ansteigend den Gliderferner queren. In einem Rechtsbogen kurz und steil zum **Gipfelkreuz** ❹, 3370 m. Spezifische Schwierigkeiten: Beim Anstieg zu Fuß über den Grat ist eine heikle Stelle zu überwinden, beim Anstieg über den Gliderferner ist auf Randspalten, eventuell auf eine Randkluft zu achten.

Die **Abfahrt** folgt dem Anstiegsweg. Bei sicheren Schneeverhältnissen kann man von der Oberen Weißzintscharte ab etwa 2900 m links von der Aufstiegsspur geradewegs ins Pfeifholdertal abfahren (im unteren Teil kleine Felsabbrüche, Vorsicht!), das man bereits unterhalb der Hütte erreicht. Rechtzeitige Abfahrt ist für Sicherheit und Skigenuss wichtig!

Prachtvolles Skigelände im Weißzintkar.

19 Großer Möseler, 3480 m

↗ 1650 m | ↘ 1650 m | 12.9 km | 6.30 h

Von Süden auf den zweithöchsten Gipfel der Zillertaler Alpen

Der Große Möseler ist der zweithöchste Gipfel der Zillertaler Alpen, eine großartige Frühjahrstour für konditionsstarke Skibergsteiger. Die technischen Schwierigkeiten sind bei einigermaßen günstigen Verhältnissen erstaunlich gering. Dasselbe gilt für die Lawinengefährdung, wenn man sich diesen Prachtgipfel erst im späten Frühjahr auf das Tourenprogramm setzt. Allerdings gilt dann: Wegen der extremen Südlage unbedingt früh aufbrechen und rechtzeitig abfahren!

Talort: Lappach, 1436 m. Durch das Pustertal nach Bruneck (Bahnstation). Richtung »Ahrntal« abzweigen und nach Mühlen. Durch das Mühlwalder Tal nach Lappach. Bushaltestelle.

Ausgangspunkt: Neves-Stausee, 1856 m. Von Lappach auf schmaler Bergstraße zum See. Die Straße ist ab Mai meist befahrbar. Nun fährt man entlang dem See etwa 700 m weiter bis zum Fahrverbot. Große Parkplätze. Ist die Straße noch nicht befahrbar, startet man an der Schranke oberhalb von Oberlappach, 1630 m; 45 Min. zusätzlich.

Aufstiegszeit: Neves-Stausee – Am Mösele 2 Std., Am Mösele – Großer Möseler 3 Std.; Gesamtzeit 5 Std.

Anforderungen: Skitechnisch keine besonderen Schwierigkeiten. Gipfelanstieg unschwierig, jedoch Trittsicherheit erforderlich. Bei günstigen Verhältnissen keine Steigeisen nötig. Gute Kondition ist erforderlich, insbesondere wenn die Auffahrt zum Stausee nicht möglich ist.

Zu Fuß steigt man auf den Gipfel.

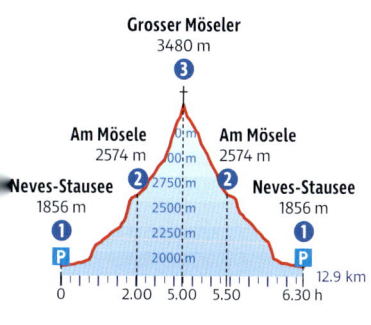

Grosser Möseler
3480 m
❸

Am Mösele 2574 m ❷ ❷ **Am Mösele** 2574 m

Neves-Stausee 1856 m ❶ ❶ **Neves-Stausee** 1856 m

0 — 2.00 — 5.00 — 5.50 — 6.30 h — 12.9 km

Vom Moselekopf sieht man den Ostgrat, über den der Aufstieg führt, rechts im Profil.

Hangrichtung: Vorwiegend Südost, Süd.
Orientierung: Bei guter Sicht für erfahrene Skibergsteiger verhältnismäßig einfach.
Lawinengefährdung: Lawinengefährdet ist die Route insbesondere unterhalb der Einsattelung zwischen Großem und Kleinem Möseler nach Schneefällen mit Windverfrachtung.
Günstige Zeit: April und Mai.

Vom **Parkplatz** ❶ zunächst entlang des Stausees, dann mit zunehmendem Höhengewinn in nördlicher Richtung in das sanfte Becken **Am Mösele** ❷, 2574 m. Der Möselenock, 3070 m, liegt nun gerade über uns. Der von ihm nach Süd ziehende Rücken teilt das riesige Südkar, in dem sich die Reste des ehemals mächtigen Nevesferners befinden. Wir halten uns etwas rechts und steigen in den östlichen Teil des Kars auf. Weiter ziemlich unmittelbar ohne Gletscherberührung zu einer kleinen Einsattelung zwischen Kleinem und Großem Möseler. Hier oder etwas höher am Ostrücken des Großen Möseler wird das Skidepot errichtet. Ohne besondere Schwierigkeiten zu Fuß über den Grat zum **Gipfel** ❸, 3480 m. Die **Abfahrt** folgt dem Anstiegsweg.

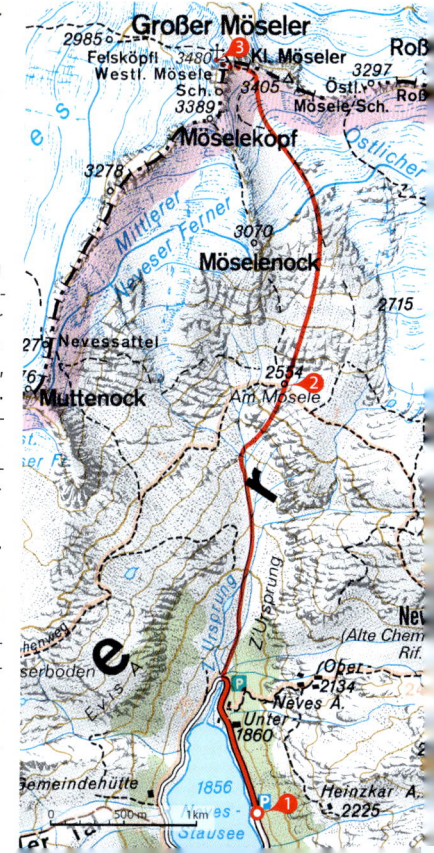

↗ 1100 m | ↘ 1100 m | 8.5 km
4.30 h

20 Eisbruggspitze, 2787 m

Wenig bekannte Skitour in großartiger Landschaft

Die Eisbruggspitze ist ein großartiger Skiberg, der zu Unrecht im Schatten von »Berühmtheiten« wie Weißzint oder Möseler steht. Das hat natürlich auch Vorteile. Man ist verhältnismäßig einsam unterwegs und das in einer großartigen, urweltlich anmutenden Landschaft. Auch die Abfahrt ist mit denen der berühmten Gipfel durchaus »konkurrenzfähig«.

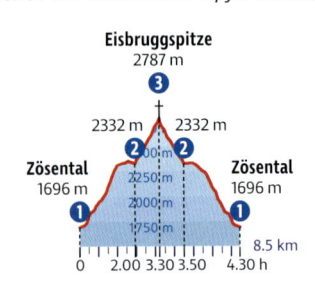

Herrlicher Firn am Gipfel der Eisbruggspitze.

Talort: Lappach, 1436 m. Im Pustertal nach Bruneck (Bahnstation). Richtung »Ahrntal« abzweigen und nach Mühlen. Richtung West durch das Mühlwalder Tal nach Lappach. Bushaltestelle.
Ausgangspunkt: Von Lappach Richtung Neves-Stausee. In der ersten Kehre nach Oberlappach zweigt links die Straße ins Zösental ab. Zu Fuß von Lappach 1 Std.
Aufstiegszeiten: Zösental – Abfluss der Bodenseen 2 Std., Abfluss der Bodenseen – Eisbruggspitze 1½ Std.; Gesamtzeit 3½ Std.
Anforderungen: Teilweise steil, aber keine besonderen alpinen Schwierigkeiten.
Hangrichtung: Südost, Süd.
Orientierung: Besonders die Querung ins Seetal erfordert etwas Blick fürs Gelände.
Lawinengefährdung: Häufig lawinengefährdet, stabile Schneeverhältnisse erforderlich.
Günstige Zeit: Februar bis Mai.
Variante: Zösenberg, 2343 m. Kürzer (2 Std.), leichter, kaum lawinengefährdet. Geeignetes Ausweichziel. Routenführung vgl. Kärtchen.

Von der Kehre ❶ ungefähr entlang einer Sommerwegtrasse, zuletzt auf einer Almstraße, schräg nach links aufwärts über den Hang und durch den lichten Lärchenwald zum Beginn des ausgeprägten Rückens, der vom Seebergl herabzieht. Diesen Rücken erreicht man nach der

Waldgrenze und steigt in mehreren Steilstufen auf, bis sich in einer Höhe von 2350 m eine günstige Möglichkeit findet, nach links in den Talboden des Seetals einzuzweigen. Diese Querung ist bei weniger günstigen Schneeverhältnissen heikel und erfordert große Vorsicht! In den Talboden sind die **Bodenseen** eingelagert. Man zweigt aber bereits vor den Seen nach links ab ❷ und steigt durch eine Mulde in ein Becken auf. Hier biegt man nach rechts ab und erreicht über den teils etwas steileren Südhang mit Ski, die **Eisbruggspitze** ❸, 2787 m.

Die **Abfahrt** folgt dem Anstiegsweg. Statt der Querung kann man bei entsprechend sicheren Bedingungen auch im Seetal bleiben und im Tälchen unmittelbar in den Talboden abfahren. Auf einem Fahrweg bequem zum Ausgangspunkt.

Am Gipfel genießen wir Sonne und Aussicht.

21 — **Rote Wand, 2818 m**

↗ 1200 m | ↘ 1200 m | 12.9 km
5.00 h

Anspruchsvolle Skitour mit Ausweichmöglichkeiten

Auf dem hier beschriebenen Anstiegsweg über die Steinzger Alm ist die Rote Wand eine ziemlich anspruchsvolle und häufig lawinengefährdete Skitour, die neben einer entsprechenden Skitechnik auch besonders sichere Schneeverhältnisse erfordert. Liegen diese Voraussetzungen nicht vor, ist der Umweg über den Staller Sattel, das Ackstallbachtal und die Staller Alm zu empfehlen: zwar etwas länger, aber leichter und sicherer.

Enzianhütte am Antholzer See.

Talort: Antholz, 1241 m. Im Pustertal zur Abzweigung ins Antholzer Tal (zwischen Bruneck und Welsberg). Durch das Tal nach Antholz. Bushaltestelle.
Ausgangspunkt: Antholzer See, 1641 m. Von Antholz, den Talbach entlang zum großen Parkplatz am Ende der im Winter geöffneten Fahrstraße. Während der Langlaufsaison Skibusse bis zum großen Parkplatz beim Biathlonzentrum.
Aufstiegszeiten: Antholzer See – Obere Steinzger Alm 1½ Std., Obere Steinzger Alm – Rote Wand 2½ Std.; Gesamtzeit 4 Std.
Anforderungen: Gipfelaufbau steil und eng, gute Skitechnik erforderlich; Skidepot knapp vor dem Gipfel, der unschwierig zu Fuß erreicht wird.
Hangrichtung: Vorwiegend Nord, Nordwest.
Orientierung: Bei guter Sicht für erfahrene Tourengeher verhältnismäßig einfach. Zumeist gespurt.
Lawinengefährdung: Im oberen Teil des Aufstiegs häufig lawinengefährdet, besonders ab der Oberen Steinzger Alm. Vorsicht ist v.a. nach stärkeren Schneefällen mit Windverfrachtung geboten.
Günstige Zeit: Februar bis April.
Einkehr: Die Enzianhütte bietet sich für die Einkehr nach der Tour an, enzianhuette.it
Variante: Aufstieg über Staller Sattel und Staller Alm. Deutlich leichter, bei vernünftiger Spuranlage geringe Lawinengefährdung. Aufstieg ½ Std. länger.

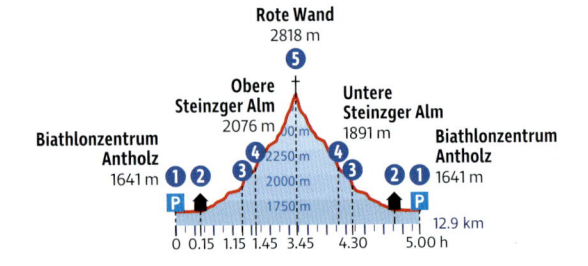

Rote Wand 2818 m ❺
Obere Steinzger Alm 2076 m
Untere Steinzger Alm 1891 m
Biathlonzentrum Antholz 1641 m ❶❷
Biathlonzentrum Antholz 1641 m ❷❶
0   0.15   1.15   1.45   3.45   4.30   5.00 h
12.9 km

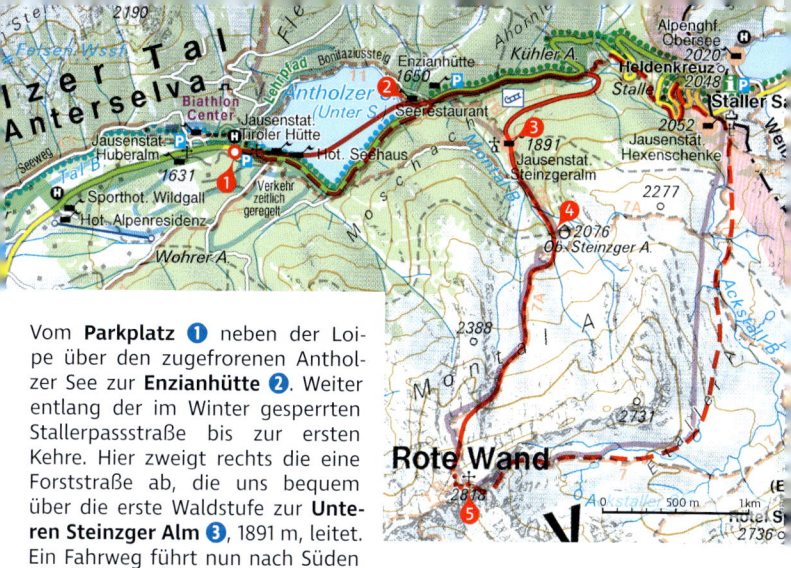

Vom **Parkplatz** ❶ neben der Loipe über den zugefrorenen Antholzer See zur **Enzianhütte** ❷. Weiter entlang der im Winter gesperrten Stallerpassstraße bis zur ersten Kehre. Hier zweigt rechts die eine Forststraße ab, die uns bequem über die erste Waldstufe zur **Unteren Steinzger Alm** ❸, 1891 m, leitet. Ein Fahrweg führt nun nach Süden über Wiesen und durch lichten Wald weiter zur **Oberen Steinzger Alm** ❹, 2076 m. Über das prachtvolle Skigelände der Montal Alm durch die weite Mulde nach rechts bis unter den steilen Gipfelaufbau der Roten Wand. Eine nach oben hin ziemlich steile Rinne führt im rechten Teil der Flanke hinauf zum Gratrücken. Auf ihm meist zu Fuß nach links zum **Gipfelkreuz** ❺, 2818 m.
Die **Abfahrt** folgt dem Anstiegsweg.

Großartige Nachbarn: Wildgall und Hochgall.

↗ 1100 m | ↘ 1100 m | 13.4 km
4.45 h

22 Hinterbergkofel, 2727 m

Lohnender Abschluss einer Tourensaison

Der Hinterbergkofel ist eine schöne aussichtsreiche Skitour für den Hochwinter und das Frühjahr. Die schmale Straße auf den Stallerpass wird erst Mitte Mai geöffnet, nach schneereichen Wintern kann man dann von der Passhöhe noch kurze, reizvolle Frühjahrsskitouren unternehmen. Aber auch vom Antholzer See aus ist der Aufstieg wirklich nicht übermäßig lang, und die Kehren der Passstraße können zum Teil abgekürzt werden. Es ist auch möglich, über die Stalleralm und die nur ganz oben steile Südflanke aufzusteigen oder abzufahren, sodass man sich je nach Situation für Firn oder Pulverschnee entscheiden kann.

Talort: Antholz, 1241 m. Im Pustertal zur Abzweigung ins Antholzer Tal (zwischen Bruneck und Welsberg). Durch das Tal nach Antholz. Bushaltestelle.
Ausgangspunkt: Antholzer See, 1641 m. Von Antholz den Talbach entlang zum großen Parkplatz am Ende der im Winter geöffneten Fahrstraße. Während der Langlaufsaison Skibusse zum großen Parkplatz beim Biathlonzentrum.
Aufstiegszeiten: Antholzer See – Staller Sattel 1½ Std., Staller Sattel – Hinterbergkofel 2 Std.; Gesamtzeit 3½ Std.
Anforderungen: Im letzten Teil des Aufstiegs ziemlich steile Hänge, die eine gute Skitechnik erfordern. Schmaler Grat zum Gipfel, bei Hartschnee unangenehm, jedoch keine alpinen Schwierigkeiten.
Hangrichtung: Nord, West.
Orientierung: Bei einigermaßen guter Sicht einfach, da bis zum Sattel die Fahrstraße, zum Gipfel das Weißenbachtal keine Orientierungsprobleme zulassen. Lediglich der letzte Teil des

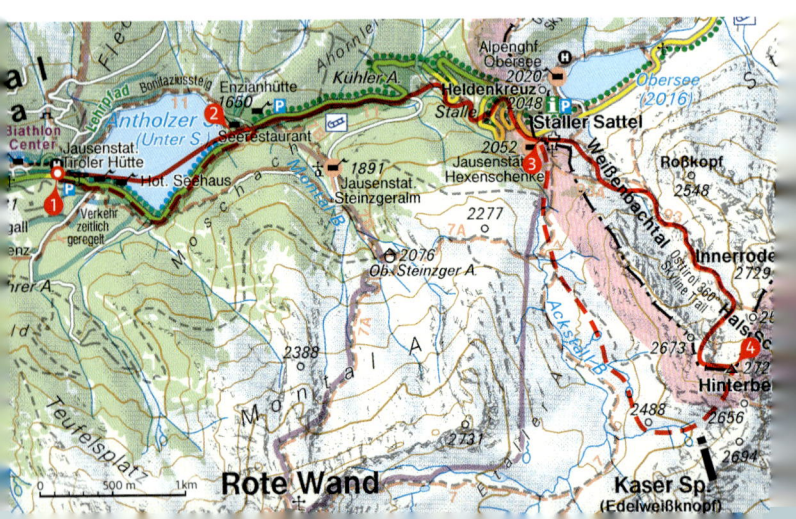

Auf dem Gipfelgrat.

Aufstiegs zum Gipfel erfordert bei fehlenden Spuren alpine Erfahrung.
Lawinengefährdung: Viel begangen und daher meist stark verspurt. Der letzte steile Hang ist trotzdem öfter lawinengefährdet.
Günstige Zeit: Februar bis Mai, ab Staller Sattel noch im Juni.
Einkehr: Enzianhütte, Tel. +39 340 0596718 enzianhuette.it.

Variante: Steuert man am Stallersattel das rechte Tal an, das direkt nach Süden zur Staller Alm führt, so gelangt man in einem Linksbogen unter den steilen Südhang des Hinterbergkofels. Über den zuletzt kurz 35 Grad steilen Hang gelangen sichere Tourengeher mit Harscheisen ebenfalls zum Gipfel. Diese Variante bietet sich vor allem bei Firn als Abfahrt an.

Vom **Parkplatz beim Biathlonzentrum** ❶ über die **Enzianhütte** ❷, 1645 m, auf der Passstraße zum **Staller Sattel** ❸, 2052 m, zunächst talein, dann, die Kehren weit gehend abkürzend, aufsteigen. Unmittelbar nach dem Sattel

Aufstieg vom Antholzer See.   *Abfahrt im steilen Gipfelhang.*

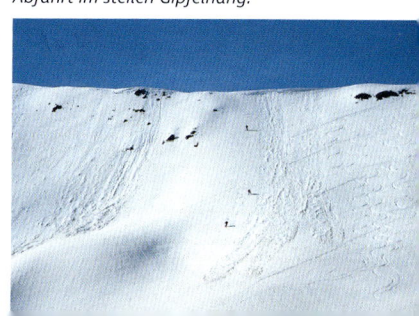

Fest durchatmen, die direkte Abfahrt vom Gipfel ist steil!

steht ein Denkmal, das auf die Zusammengehörigkeit von Antholzer Tal (Südtirol) und Defereggental (Osttirol) verweist. Hier nach rechts ins Weißenbachtal (das linke in Aufstiegsrichtung) abzweigen. Das Tal gibt nun den Aufstieg vor. Nach einem schluchtartig eingeschnittenen Abschnitt überquert man den Bach und folgt dem Tal weiter zum Talschluss. Aus einer Mulde steigt man zu dem Rücken auf, der vom Hinterbergkofel nach Westen zieht. Über diesen Rücken erreicht man mit Skiern den höchsten Punkt des **Hinterbergkofel** ❹, 2727 m. Prachtvolle und sehr gegensätzliche Aussicht – zu den Gletscherbergen der Hohen Tauern im Norden, zum Hochgall im Nordwesten und zu den Dolomiten im Süden!

Die **Abfahrt** folgt dem Anstiegsweg oder über die Variante nach Süden zur Stalleralm und von dort nach Norden zurück zum Stallersattel.

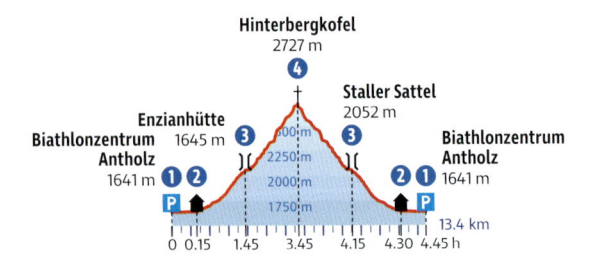

↗ 1200 m | ↘ 1200 m | 12.6 km

4.15 h

Hoher Mann, 2593 m — 23

Herrlicher Südhang zum Auftakt einer genussvollen Abfahrt

Eine leichte und bei vernünftiger Spurwahl kaum lawinengefährdete typische Gsieser Skitour. Dazu gehört auch der Waldgürtel im unteren Teil des Anstiegs, der wie meist im Gsieser Tal auf einer Forststraße bequem und umweltschonend überwunden werden kann. Über dem Waldgürtel, und auch diese Eigenheit unserer Skitour ist typisch für das Gsies, findet der Tourengeher hindernisloses, meist eher sanftes Almgelände vor – Skigenuss auch für Anfänger im Tourenskilauf.

Talort: St. Martin in Gsies, 1276 m. Im Pustertal nach Welsberg. Am westlichen Ortsende zweigt die Straße ins Gsieser Tal ab. Man verfolgt sie bis St. Martin, dem größten Ortsteil des Tales. Bushaltestelle.

Ausgangspunkt: Von St. Martin weiter talein nach St. Magdalena in Gsies und zum großen Parkplatz bei einem Skilift (1420 m). Bushaltestelle in St. Magdalena in Gsies. Von hier 10 Min. zum Skilift.

Aufstiegszeiten: Parkplatz beim Skilift – Aschtalm 1½ Std., Aschtalm – Pfinnhütten ¾ Std., Pfinnhütten – Pfinnscharte ¾ Std., Pfinnscharte – Hoher Mann ½ Std.; Gesamtzeit 3½ Std.

Anforderungen: Leichter Skigipfel, der lediglich etwas Ausdauer erfordert. Unangenehm ist allenfalls bei Vereisung die Forststraße im unteren Teil der Abfahrt.

Hangrichtung: Vorwiegend Süd und Ost.

Orientierung: Bei einigermaßen guter Sicht sehr einfach.

Lawinengefährdung: Bei vernünftiger Wahl der Aufstiegs- und Abfahrtsspur

Von den sanften Gsieser Bergen bietet sich ein schroffes Dolomitenpanorama.

Stimmungsvolles Abendlicht am Karbacher Berg (Fellhorn).

kaum lawinengefährdet.
Günstige Zeit: Dezember bis März, nach einem schneereichen Winter auch noch im April.
Einkehr: Aschtalm, Tel. +39 348 7282727, aschtalm.com.
Varianten: 1. Auch der Aufstieg über die Scharte, 2499 m, nördlich des Gipfels wird begangen, allerdings ist der Grat von dort etwas schmaler und felsiger und nur zu Fuß begehbar.
2. Karbacher Berg (Fellhorn), 2518 m. Von der Pfinnscharte nach links und über einen etwas steilen Schlusshang zum Gipfel. Etwas kürzer als zum Hohen Mann.

Entlang der Lifttrasse steigt man vom **Parkplatz** ❶ aus die Piste nach Westen hinauf bis kurz vor die Bergstation. Nun führt nach links in den Wald eine Forststraße (Rodelbahn) zur **Aschtalm** ❷, 1950 m, und in zwei Kehren bis in den Graben des Kasertales. Ein Holzbrücklein sorgt dafür, dass man die Ski nicht abschnallen muss und trocken über den Bach kommt. Nach der Brücke bleiben wir noch auf dem Forstweg (nach rechts gehts ins Kasertal) und erreichen relativ flach die Stammeralm. An der nächsten Kehre der Rodelbahn gehen wir nun geradeaus weiter zu einer Almhütte im Graben, überschreiten diesen und ziehen über

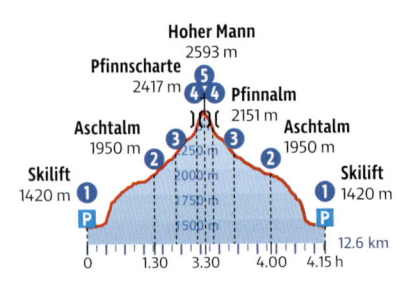

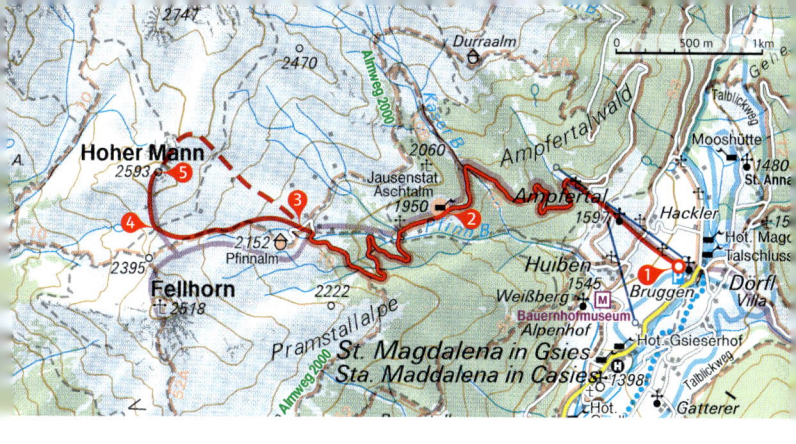

einen teilweise bewaldeten Rücken zwischen zwei Gräben nach rechts hinauf zur **Pfinnalm** ❸, 2151 m. Nun hält man sich eher links und steuert die **Pfinnscharte** ❹, 2417 m, zwischen Hohem Mann und Karbacher Berg an. Scharf nach rechts abzweigen und über einen schönen Südhang auf den **Gipfel** ❺. Eindrucksvolle Aussicht, vor allem großartiger Blick in die Dolomiten!
Die **Abfahrt** folgt dem Anstiegsweg.

Der Aufstieg zum Hohen Mann führt vom Sattel (linker Bildrand) über den Gratrücken, die Variante über die Scharte in Bildmitte zu Fuß über den Nordgrat zum Gipfel.

24 Rotlahner, 2748 m

↗ 1300 m | ↘ 1300 m | 12.3 km
4.30 h

Leichter Skigipfel mit schwieriger Variante

Unser Gipfel eignet sich auch als Ausweichziel bei weniger günstigen Schneeverhältnissen. Der untere Teil ist zwar recht waldig, aber über einen breiten Fahrweg und den steilen Sommerweg erreicht man zügig das sanfte Skigelände der Kasermähderalm. Sollte in der steilen Waldstufe wenig Schnee liegen oder die Schneequalität zu wünschen übrig lassen, ist es empfehlenswert, ab der Kasermähderalm auf der Straße abzufahren.

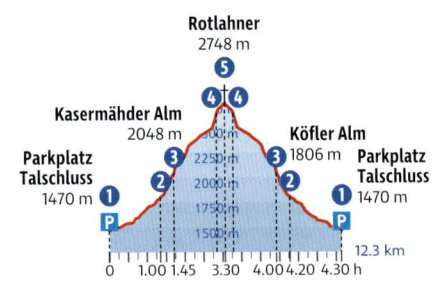

Talort: St. Martin in Gsies, 1276 m. Im Pustertal nach Welsberg. Am westlichen Ortsende zweigt die Straße ins Gsieser Tal ab. Man verfolgt sie bis St. Martin, dem größten Ortsteil des Tales. Bushaltestelle.
Ausgangspunkt: Weiter bis zum Ende der Talstraße bei der Talstation eines Schlepplifts. Großer Parkplatz vor der Talschlusshütte, 1470 m, Bushaltestelle.
Aufstiegszeiten: Parkplatz bei der Rodelbahn – Köfler Alm 1 Std., Köfler Alm – Kasermähder Alm ¾ Std., Kasermähder Alm – Heimwaldjöchl 1½ Std., Heimwaldjöchl – Rotlahner ¼ Std.; Gesamtzeit 3½ Std.
Anforderungen: Mit Ausnahme eines etwas steileren Hanges unterhalb des Heimwaldjöchls enthält die Tour keine besonderen Schwierigkeiten; Fahrweg neben der Rodelbahn und Waldstufe bei Vereisung eventuell unangenehm.
Hangrichtung: Vorwiegend Südwest, West.
Orientierung: Bei guter Sicht einfach.
Lawinengefährdung: Bei vernünftiger Wahl der Aufstiegs- und Abfahrtsspur kaum lawinengefährdet.
Günstige Zeit: Dezember bis April.
Variante: Riepenspitze, 2774 m. Wesentlich schwieriger, auch die Lawinengefährdung ist deutlich höher. Bei der Köfler Alm nach links abzweigen, durch eine Südwestmulde zum Nordwestgrat der Riepenspitze und über diesen zum Gipfel. Ebenfalls 3½ Std.

Genusshänge oberhalb der Kasermähder Alm.

Ein breiter Grat führt ohne Schwierigkeiten zum Gipfel.

Vom **Parkplatz** ❶ nach Osten auf dem Fahrweg entlang der vereisten Rennrodelbahn durch das Tal des Köfler Bachs bis zum Starthäuschen. Weiter zur **Köfler Alm** ❷, 1806 m, wo die Straße links abbiegt und die waldige Steilstufe weit ausholend überwindet. Hier folgt man einem Fahrweg noch etwa 250 m rechts des Bachs, wechselt an einer Brücke die Talseite und steigt dann entlang des Sommerwegs steil durch den Wald hinauf zur **Kasermähder Alm** ❸, 2048 m. In wechselnder, nie aber besonderer Steilheit in Richtung Nordost zum **Heimwaldjöchl** ❹, 2648 m, vor dem es ganz kurz etwas steiler wird. Über den Gratrücken erreicht man von links her problemlos den **Gipfel** ❺, 2748 m.

Die **Abfahrt** folgt dem Anstiegsweg. Die steile Waldstufe unter der Kasermähderalm überwindet man bequemer über die Almstraße.

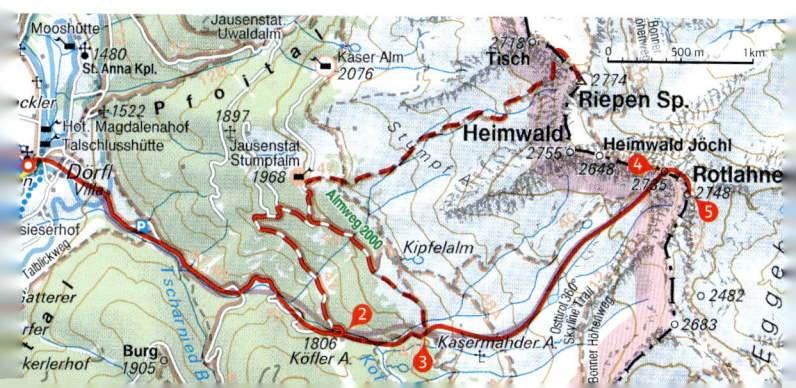

↗ 980 m | ↘ 980 m | 11.3 km
3.40 h

25 Toblacher Hochhorn, 2623 m

Skigenuss mit prachtvollem Dolomitenblick

Die Eigenart des Geländes lässt es zu, dass das Toblacher Hochhorn bereits nach den ersten stärkeren Schneefällen im November befahren werden kann. Im Frühjahr ist dagegen nichts mehr zu holen. Durch die vorgeschobene Lage zum Pustertal hin ist ein großer Teil der Abfahrt im März zumeist schon weitgehend aper. Die Skitour auf das Toblacher Hochhorn ist auch landschaftlich ungemein eindrucksvoll. Ein großer Teil der Dolomitengipfel ist zu sehen, die Sextener Dolomiten liegen uns unmittelbar gegenüber: vom Elfer und Zwölfer bis zu den Drei Zinnen.

Talort: Toblach, 1241 m. Im Pustertal von der Umfahrungsstraße Richtung Nord ins Dorf abzweigen. Bahnstation, Bushaltestelle.

Ausgangspunkt: Frondeigen, 1650 m. Von Toblach auf schmaler Bergstraße zum Weiler. Beschränkte Parkmöglichkeit.

Aufstiegszeiten: Frondeigen – Stacher Riedl 1½ Std., Stacher Riedl – Toblacher Hochhorn 1½ Std.; Gesamtzeit 3 Std.

Anforderungen: Leichte Skitour ohne Steilstufen oder alpine Schwierigkeiten.

Hangrichtung: Vorwiegend Südwest.

Orientierung: Problemlos, da im unteren Teil Sommermarkierung an Bäumen, im oberen Teil über einen Bergrücken.

Lawinengefährdung: Bei vernünftiger Spuranlage kaum lawinengefährdet.

Günstige Zeit: Dezember bis Februar.

Variante: Toblacher Pfannhorn, 2663 m. Parkmöglichkeit nahe beim Schöneggerhof. Erlaubnis einholen! Durch Felder und Wald zu einem Rücken. Über diesen zum Gipfel. 3 Std. Anforderungen und Lawinengefährdung wie beim Hochhorn.

Gipfelplateau am Toblacher Pfannhorn mit Drei-Zinnen-Blick.

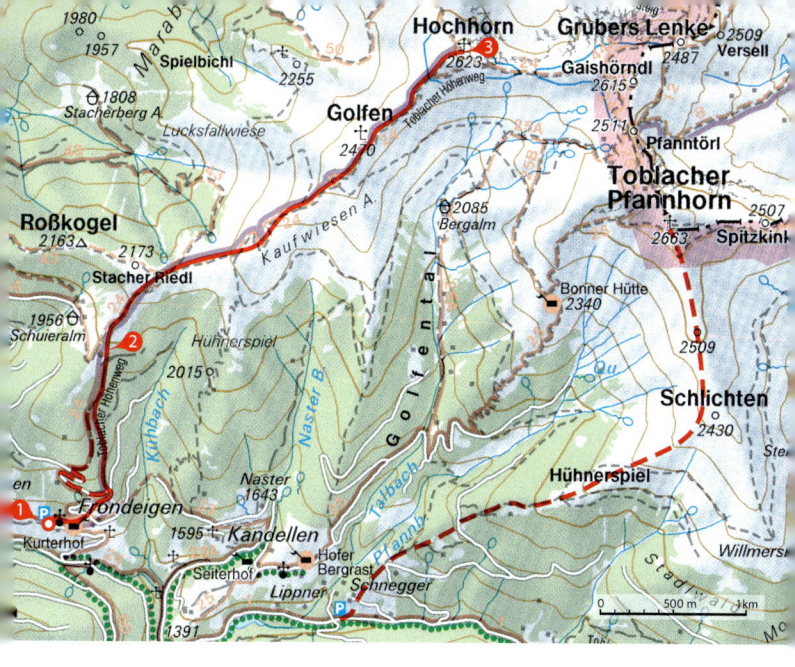

Vom Parkplatz beim Kurterhof in **Frondeigen** ❶ auf dem Fahrsträßchen mehrere Kehren aufwärts. Etwa 100 m nach einer Linkskehre zweigt rechts ein Ziehweg ab, dem man kurz nach rechts folgt und dann durch lichten Wald links auf einen freien Rücken ❷ aufsteigt. Über diesen erreicht man ohne Orientierungsschwierigkeiten und nur unterbrochen von einer steileren Stufe einen Vorgipfel mit Namen und Kotierung (Golfen, 2493 m) und eine knappe ½ Std. später das **Hochhorn** ❸, 2623 m.

Die **Abfahrt** folgt dem Anstiegsweg. Bei geringer Schneelage im Wald kann man am Ende des Rückens bei dem Hütterl der Straße folgen, die bald wieder auf die Aufstiegsroute trifft.

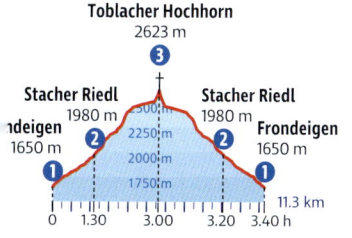

Die Sextener Dolomiten Vis-a-vis.

↗ 1100 m | ↘ 1100 m | 15.0 km
4.00 h

26 Hochrast, 2436 m

Unbedeutender Gipfel mit lohnender Abfahrt

Die Hochrast ist ein aussichtsreicher Gipfel und auch die Abfahrt ist bis zur Waldgrenze makellos. Bei genügend gutem Pulverschnee macht auch die anschließende Waldstufe Spaß. Bei geringer Schneelage sollte man den Wald meiden und möglichst die Forststraße benutzen.

Talort: Innervillgraten, 1402 m. Im Pustertal nach Heinfels (1 km östlich von Sillian). Richtung Nord abzweigen und auf gut ausgebauter Bergstraße nach Innervillgraten. Bushaltestelle.
Ausgangspunkt: Am Ortseingang Innervillgraten bei der Bushaltestelle »Tischlerei Lanser«, Parkplatz 100 m weiter auf der rechten Seite, ca. 1370 m.
Aufstiegszeiten: Innervillgraten – Tafinalm 1½ Std., Tafinalm – Hochrast 1¾ Std.; Gesamtzeit 3¼ Std.
Anforderungen: Im oberen Teil mitunter ziemlich steile Hänge, im unteren Teil der Abfahrt anspruchsvoll auf Lichtungen durch den Wald bzw. leicht auf der Forststraße.
Hangrichtung: Vorwiegend Nordost, Nord.
Orientierung: Bei guter Sicht einfach.
Zumeist findet man Spuren von Variantenfahrern vor, die vom Thurntaler kommen. Nach der Waldgrenze ist es schwieriger, die richtige Route zu finden. Bei fehlenden Spuren Forststraße benutzen.
Lawinengefährdung: Oberhalb der Waldgrenze mitunter lawinengefährdet, insbesondere nach stärkeren Schneefällen mit Windverfrachtung.
Günstige Zeit: Dezember bis März.
Varianten: 1. Bei sicheren Verhältnissen kann man vom Gipfel grade nach Norden zur Grafen Alm abfahren. Entlang der Almstraße zurück zum Ausgangspunkt.
2. Thurntaler, 2407 m. Oberhalb der Waldgrenze etwas links halten und, teilweise steil, zum aussichtsreichen Gipfel (Pistenskigebiet). 3 Std.

Von der **Bushaltestelle** ❶ auf dem Sträßchen über den Bach und bei den letzten Häusern geradeaus auf einer Forststraße ins Oberhoftal. An der ersten Gabelung links, an der dritten Kehre rechts und in zwei weiteren, sehr langen Kehren hinauf zur **Tafinalm** ❷, 1906 m, folgen. Weiter nun durch schönes Skigelände in die Mulde zwischen Thurntaler und Hochrast.

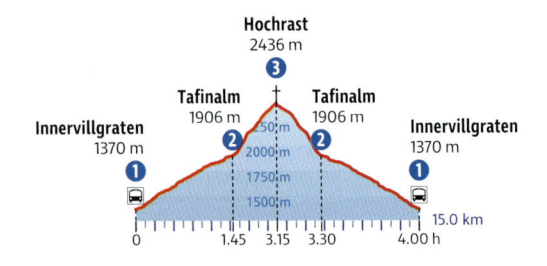

Wenn wir den Höhenrücken erreichen, erscheinen plötzlich eindrucksvoll die Dolomiten in unserem Blickfeld. Im Mittelgrund das Heimkehrerkreuz auf der Parggenspitze.

Aus dieser Mulde rechts haltend in eine Einsattelung und unschwierig weiter zum Gipfel der **Hochrast** ❸, 2436 m. Gipfelkreuz, wenige Meter darunter Unterkünfte aus dem Ersten Weltkrieg, die später als Zollhütten dienten. Genau gegenüber die Sextener Dolomiten – eine großartige Schau berühmter Klettergipfel! Deutlich zu erkennen sind z. B. die Rotwand, der Einserkofel, die mächtige Dreischusterspitze und der Birkenkofel.

Die **Abfahrt** folgt dem Anstiegsweg. Unterhalb der Tafinalm kann man auf der rechten Talseite bei ausreichender Schneelage durch den lichten Wald oder durch steile Schneisen direkt in den Talboden abfahren. Aufforstungen beachten, auf der in der Regel deutlich erkennbaren Abfahrtsroute bleiben oder die Forststraße benutzen!

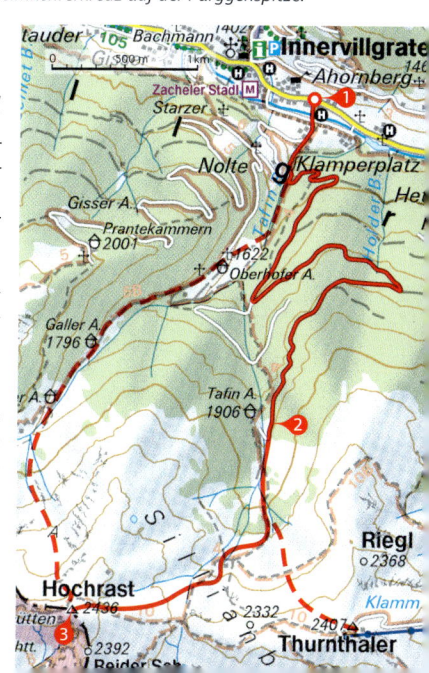

↗ 900 m | ↘ 900 m | 8.0 km
3.10 h

27 Marchkinkele, 2545 m

Anspruchsvoll zu einer Schaukanzel erster Klasse

Das Marchkinkele ist ein Aussichtsgipfel der Sonderklasse. Der Nahblick zu den Sextener Dolomiten, die genau gegenüberliegen, ist überwältigend schön. Es gibt zwei gängige Aufstiegsrouten aus dem Villgratental, wobei die beschriebene Route anspruchsvoller und deutlich stärker lawinengefährdet ist. Erscheint die Schneelage zu heikel, wählt man besser die als Variante beschriebene Route. Beide Wege lassen sich zudem zu einer interessanten Überschreitung kombinieren, wobei man mit der Buslinie 966 wieder zum Ausgangspunkt zurückkommt.

Talort: Innervillgraten, 1402 m. Im Pustertal nach Heinfels (1 km östlich von Sillian). Richtung Nord abzweigen und auf gut ausgebauter Bergstraße nach Innervillgraten. Bushaltestelle.
Ausgangspunkt: Kalkstein, 1639 m. Der Weiler ist von Innervillgraten auf gut ausgebauter Bergstraße erreichbar. Bushaltestelle, Großparkplatz.
Aufstiegszeiten: Kalkstein – Abzweigung Marchental ½ Std.; Abzweigung Marchental – Gisser Törl 1½ Std., Gisser Törl – Marchkinkele ½ Std.; Gesamtzeit 2½ Std.
Anforderungen: Meist mittelsteile Hänge, der letzte Steilhang unter dem Gisser Törl erfordert sichere Skitechnik im Aufstieg wie in der Abfahrt.
Hangrichtung: Vorwiegend Ost, Nordwest, Nord.
Orientierung: Bei guter Sicht einfach, bei schlechter Sicht im obersten Teil des Anstiegs schwierig.

Mit langen Schritten zum Gipfel.

Gut ausgetretene Aufstiegsspur im oberen Teil.

Lawinengefährdung: Im Marchental von den Flanken, aber auch im Steilhang unterhalb des Gisser Törls häufig lawinengefährdet. Nur bei stabilen Schneeverhältnissen!
Günstige Zeit: Februar bis April.
Einkehr/Stützpunkt: Pension Bad Kalkstein, 22 Schlafplätze. A-9932 Innervillgraten 148, Tel. +43 4843 5346. Gemütlicher Stützpunkt, auch für eine ganze Tourenwoche geeignet. Am Ausgangspunkt: Badl-Alm am Ausgangspunkt: Tel. +43 4843 20026, www.badl-alm.at.
Variante: Ein einfacherer und weniger lawinengefährdeter Aufstieg führt von Innervillgraten durch das Oberhoftal zum Gipfel (siehe Ausgangspunkt Tour 26). Man steigt auf der Fahrstraße zur Graferalm und im Talschluss über mäßig steile Hänge rechts haltend in das Gissertörl auf, wo man auf die oben beschriebene Route trifft.

Vom großen Parkplatz in **Kalkstein** ❶ wandert man erst durch lichten Wald, dann auf einer Almstraße talein. Vorbei an der **Alfenalm** ❷ (schöne

Die Sextener Dolmiten.

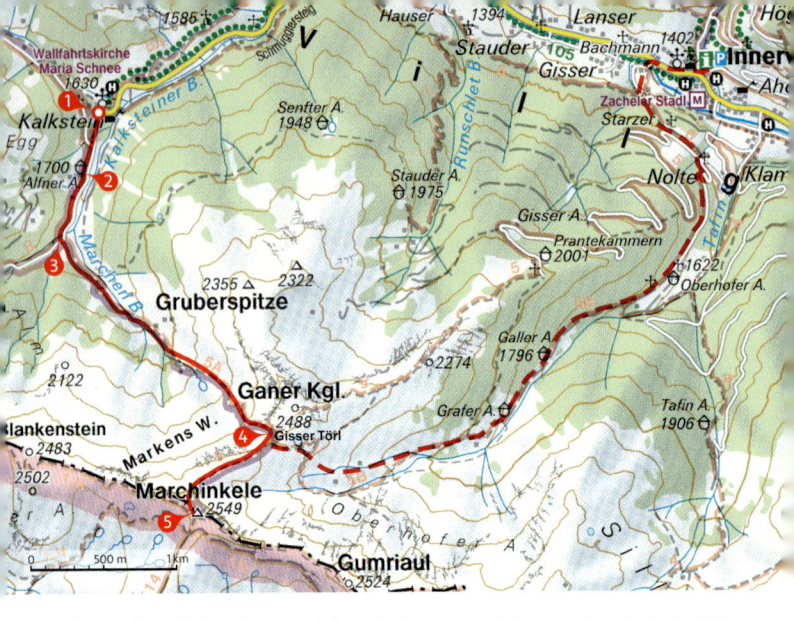

Durch die weite Mulde oder auf dem Gratrücken rechts geht es zum Marchkinkele.

alte Holzhäuser, die als Ferienhäuser vermietet werden) zu einer Wegverzweigung. Hier zweigen wir nach links ins Marchental ab ❸. Nun gibt es keine Orientierungsschwierigkeiten. Schnurgerade durch das Tal, dann über die Nordwestflanke zuletzt sehr steil ins **Gisser Törl** ❹, 2488 m, zwischen Marchkinkele und Gannekofel (auch Ganer Kogel). Auf dem Gratrücken entlang der Marchenwand (steiler Felsabbruch, Vorsicht bei schlechter Sicht), dann nach links einbiegend in wenigen Minuten über den Rücken zum Gipfel des **Marchkinkele** ❺, 2545 m. Überwältigend schöne Aussicht, vor allem Nahblick zu den Sextener Dolomiten.

Die **Abfahrt** folgt dem Anstiegsweg oder der Variante nach Innervillgraten.

↗ 860 m | ↘ 860 m | 7.7 km
3.10 h

Pürglesgungge, 2500 m
TOP 28

»Unberühmter« Gipfel mit herrlicher Abfahrt

Die Pürglesgungge ist das richtige Ziel für Tourengeher, die nicht an einem berühmten Gipfel, sondern an einer genussreichen Abfahrt interessiert sind. Ein herrliches Skivergnügen, insbesondere bei Pulverschnee! Die unmittelbare Abfahrt zur Alfneralm führt durch eine steile Schneise und durch steilen Wald. Sie ist nur guten Skifahrern zu empfehlen.

Talort: Innervillgraten, 1402 m. Im Pustertal nach Heinfels (1 km östlich von Sillian). Richtung Nord abzweigen und auf gut ausgebauter Bergstraße nach Innervillgraten. Bushaltestelle.
Ausgangspunkt: Kalkstein, 1639 m. Gut ausgebaute Bergstraße von Innervillgraten. Bushaltestelle, Großparkplatz.
Aufstiegszeiten: Kalkstein – Abzweigung Almstraße ¾ Std., Abzweigung Almstraße – Zollhütte 1¼ Std., Zollhütte – Pürglesgungge ½ Std.; Gesamtzeit 2½ Std.
Anforderungen: Mittelsteiles Skigelände, unmittelbare Abfahrt zur Alfenalm durch Wald, steil und schwierig.
Hangrichtung: Vorwiegend Ost.
Orientierung: Für erfahrene Tourengeher bei guter Sicht problemlos.
Lawinengefährdung: Mitunter lawinengefährdet. Gute Spuranlage wichtig.
Günstige Zeit: Januar bis April.
Einkehr: Badl-Alm am Ausgangspunkt, Tel. +43 4843 20026, www.badl-alm.at.
Variante: Gaishörndl, 2615 m. Bei der Abzweigung der Almstraße weiter durch das Alfental Richtung Pfanntörl und vor dem Joch über den Südosthang auf das Gaishörndl.

Tiefer Winter in Kalkstein.

Vom Parkplatz in **Kalkstein** ❶ erst durch lichten Wald, dann auf einer Almstraße zur malerischen **Alfenalm** ❷. Weiter talein, an der Abzweigung ins **Marchental** ❸ vorbei, zu einer rechts abzweigenden Almstraße ❹ (etwa 600 m nach der Abzweigung ins Marchental). Über diese Almstraße nach Norden aufwärts, dann in mehreren Kehren bis auf eine Höhe von etwa 2100 m. Wer es eilig hat, kann die Kehren natürlich abkürzen. An steilen Hängen steigt man nun in einem Bogen links vorbei und über prachtvolles Skigelände zur alten Zollhütte ❺, 2329 m, hinauf. Von hier hält man sich etwas rechts und erreicht den Gratrücken, über den man zum **Gipfel** ❻ (in der Karte Pürglers Kunke) aufsteigt.

Die **Abfahrt** folgt der Aufstiegsroute. Oder schwieriger und nur bei sicheren Bedingungen: Auf verschiedenen, deutlich steileren Varianten in der Ostflanke direkt hinab zur Alfenalm.

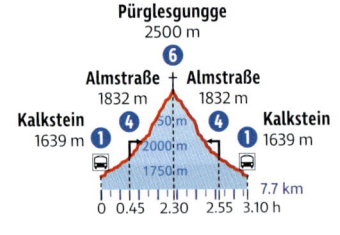

Abfahrt von der Pürglesgungge. Gegenüber das Marchental, das zum Marchkinkele führt.

Oben: Eine lohnende Variante bietet das Gaishörndl.
Unten: Uriges Hüttendorf an der Alfenalm.

↗ 1000 m | ↘ 1000 m | 10.3 km

29 Kreuzspitze, 2624 m

4.00 h

Auf den »Hausberg« von Kalkstein

Die Kreuzspitze ist einer der beliebtesten Skigipfel im Tourenbereich des Weilers Kalkstein, den sie eindrucksvoll überragt. Der Aufstieg durch das Rosstal ist lang und eigentlich auch ein wenig langweilig. Der schöne Gipfelhang und die prachtvolle Aussicht vom Gipfel entschädigen dafür. Wer es kürzer haben möchte, ist mit dem Kalksteinjöchl gut beraten. Über schönes, steiles, allerdings häufig abgeblasenes Skigelände kann man von hier aus auch zu einem Gipfel, dem Geil, aufsteigen.

Talort: Innervillgraten, 1402 m. Im Pustertal nach Heinfels (1 km östlich von Sillian). Richtung Nord abzweigen und auf gut ausgebauter Bergstraße nach Innervillgraten. Bushaltestelle.
Ausgangspunkt: Kalkstein, 1639 m. Der Weiler ist von Innervillgraten auf gut ausgebauter Bergstraße erreichbar. Bushaltestelle, Großparkplatz.
Aufstiegszeiten: Kalkstein – Lipper Alm 1 Std., Lipper Alm – Kreuzspitze 2 Std.; Gesamtzeit 3 Std.
Anforderungen: Großteils leichte Skitour, lediglich der Abschnitt vom Talschluss des Rosstales zum Gipfel ist mittelschwer einzustufen.
Hangrichtung: Vorwiegend Südwest bis Südost.
Orientierung: Viel begangen, jedoch auch bei fehlenden Spuren für erfahrene Tourengeher einfach.
Lawinengefährdung: Mitunter lawinen-

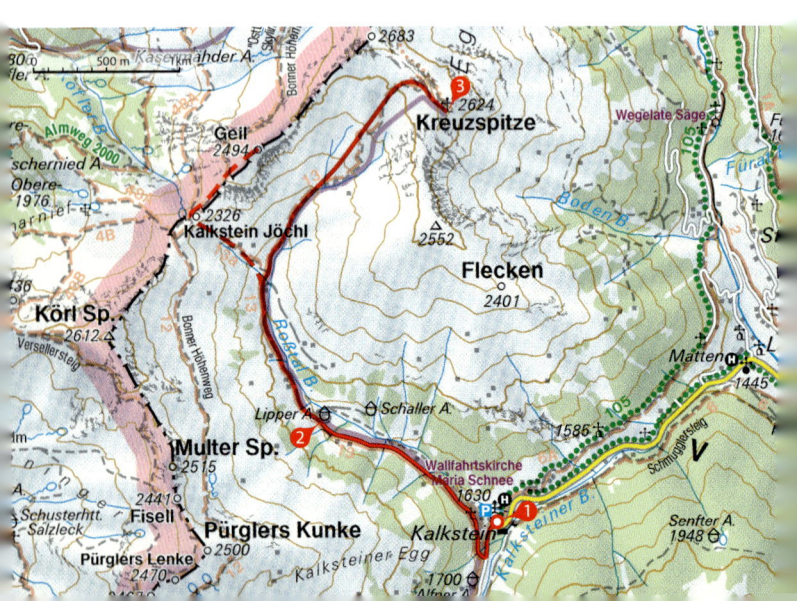

Im Bild der herrliche Gipfelhang. Links Kalksteinjöchl, hinten Heimwald und Rotlahner.

gefährdet. Vorsicht ist in einigen Bereichen insbesondere bei Selbstauslösungen aus höheren Einzugsgebieten nach starker Erwärmung oder Neuschnee geboten.
Günstige Zeit: Januar bis April.
Einkehr: Badl-Alm am Ausgangspunkt, Tel. +43 4843 20026, www.badl-alm.at.

Variante: Kalksteinjöchl, 2326 m. Abzweigung aus dem Rosstal, über eine schöne Ostflanke ins Joch. 2 Std. Wer gern einen Gipfel erreichen möchte, steigt über den (leider häufig verblasenen) Südwestrücken unschwierig zum Geil (2494 m) auf. ½ Std. vom Joch.

Vom Parkplatz in **Kalkstein** ❶ kurz durch den schütteren Wald zur Verzweigung der Almstraßen. Hier scharf nach rechts abbiegen und ins **Rosstal** aufsteigen. Mit recht mäßigem Höhengewinn durch das Tal zur **Lipper Alm** ❷, 1904 m, dann geländebedingt ohne Orientierungsschwierigkeiten weiter bis zum Talschluss. Jetzt erst wird es steiler. Durch Mulden und über Buckel steigt man zu einer Einsattelung im Westrücken der Kreuzspitze auf und erreicht von Nordwesten her das Gipfelkreuz der **Kreuzspitze** ❸, 2624 m. Bei Hartschnee sind Harscheisen recht angenehm.

Die **Abfahrt** folgt dem Anstiegsweg. Bis zum Talschluss großartige Hänge. Für den unteren Teil gilt: bei Weichschnee gar nicht so übel, bei Vereisung unangenehm.

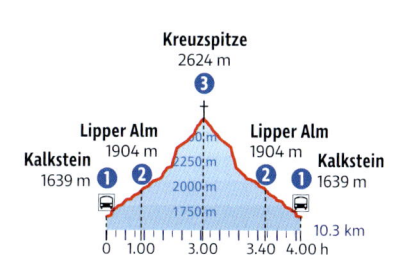

↗ 1270 m | ↘ 1270 m | 11.1 km

30 Rotes Kinkele, 2763 m

5.00 h

Herrliche Pulverschneemulden über der Kamelisenalm

Das Rote Kinkele ist nur einer unter vielen Paradeskitourenbergen im Villgratental. Die perfekt geneigten Westhänge über der Kamelisenalm sind daher in der Regel nach wenigen Schönwettertagen bereits recht verspurt. Mit etwas Erfahrung und überlegter Routenwahl kann man hier aber auch im Hochwinter oft sogar am ersten Tag nach (moderaten) Neuschneefällen unterwegs sein und dann seine Spuren in das jungfräuliche Weiß ziehen.

Talort: Innervillgraten, 1402 m, im Pustertal nach Heinfels (1 km östlich von Silian) Richtung Nord abzweigen ins Villgratental.
Ausgangspunkt: Parkplatz Almtal, 1498 m, von Innervillgraten talaufwärts und bei der Talverzweigung rechts ins Almtal bis zum Parkplatz am Ende der im Winter befahrbaren Straße.
Aufstiegszeiten: Parkplatz – Fürathof ½ Std., Fürathof – Kamelisenalm 1 Std., Kamelisenalm – Rotes Kinkele 2½ Std. Gesamtzeit 4 Std.
Anforderungen: Außer einem kurzen Waldstück oberhalb von Fürat durchgehend freie, mittelsteile Hänge ohne besondere Anforderungen.
Hangrichtung: Überwiegend West bis Nordwest.
Orientierung: Meistens gut gespurt, ohne Spuren und bei schlechter Sicht im oberen Teil gutes Orientierungsvermögen erforderlich.
Lawinengefährdung: Entlang der üblichen Route nur bei kritischen Bedingungen problematisch. Die direkte Abfahrtsvariante erfordert sehr stabile Schneeverhältnisse.
Günstige Zeit: Januar bis April.

Aufstieg über die Kamelisenalm.

Vom **Parkplatz** ❶ an einem Brücklein über den Bach und über die steilen Wiesen links haltend hinauf zum **Fürathof** ❷ (Auffahrt mit PKW bis hierher möglich, nach Schneefall aber Schneeketten erforderlich und eingeschränkte Parkmöglichkeiten). Rechts an dem Bergbauernhof vorbei, über die Wiese aufwärts bis zum Waldrand und durch den kurzen Waldgürtel zu einer Forststraße. Auf dieser nach links aufwärts zur **Kamelisenalm** ❸, 1955 m. Nun zuerst ohne Orientierungsschwierigkeiten dem Talverlauf aufwärts folgen. Auf einer Höhe von 2400 m muss man links abbiegen, um über eine kurze steilere Stufe einen flache Boden zu erreichen. Diesen quert man in nördlicher Richtung, umgeht eine weitere kurze Steilstufe links und biegt vor der Kaschaswand nach Osten ab. Flache Nordhänge führen nun hinauf zum Vorgipfel, wo man meist die Ski deponiert und dem einfachen Gipfelgrat zum höchsten Punkt ❹ folgt.

Abfahrt wie Aufstieg. Vom Hauptgipfel kann bei absolut sicherer Lawinenlage direkt über den 40 Grad steilen Westhang zur Aufstiegsspur abgefahren werden. Von der Fahrstraße unterhalb der Kamelisenalm gibt es ein Stück nördlich der Aufstiegsspur eine Schneise über die man direkt zum Fürathof abfahren kann. Achtung Skitourenlenkung: Nur über bezeichnete Schneisen abfahren!

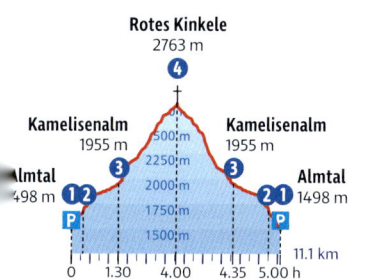

Viel Platz für schöne Spuren im Pulverschnee.

31 Regenstein, 2891 m

↗ 1300 m | ↘ 1300 m | 10.3 km
5.00 h

Anspruchsvoller Villgratner Skigipfel

Das Skitourenparadies Villgraten ist vor allem berühmt für seine vielen einfacheren Genussskitouren. Sind die Verhältnisse perfekt, hält aber das lange Winkeltal für erfahrene Tourengeher auch einige Schmankerl bereit, auf denen es etwas rassiger zur Sache geht. Eines dieser Ziele ist der Regenstein, dessen 400 Hm hoher und bis zu 45 Grad steiler Gipfelhang sicheren Skifahrern eine prickelnde Firnabfahrt verspricht. Danach wird das Gelände zwar etwas weniger steil, aber durch das geräumige Kar lassen sich bei Butterfirn flotte Tempobögen ziehen.

Talort: Innervillgraten, 1402 m, im Pustertal nach Heinfels (1 km östlich von Silian) Richtung Nord abzweigen ins Villgratental.

Ausgangspunkt: Niederbruggeralm, 1600 m, bei der Auffahrt aus dem Pustertal ins Villgratental bereits in Außervillgraten rechts abbiegen ins Winkeltal. Straße im März und April meist bis zur Niederbruggeralm befahrbar, wenige Parkmöglichkeiten. Später im Jahr ist es möglich weiter ins Tal zu fahren, etwas bessere Parkmöglichkeiten bei der Geireggalm.

Aufstiegszeiten: Niederbruggeralm – Unterarnalm ¾ Std., Unterarnalm – Plateau unter dem Arnschartl 1¾ Std., Plateau unter dem Arnschartl – Regenstein 1½ Std. Gesamtzeit 4 Std.

Anforderungen: Sehr sichere Skitechnik im Aufstieg und in der Abfahrt. Aufstieg über den Gipfelhang bei ungünstigen Bedingungen mit Steigeisen.

Hangrichtung: Vorwiegend Süd.

Orientierung: Des Öfteren ungespurt. Guter Blick fürs Gelände für die beste Spuranlage erforderlich.

Lawinengefährdung: Typische Firntour für das Frühjahr nach klaren Nächten mit rechtzeitiger Abfahrt.

Günstige Zeit: März bis Mai.

Variante: Arnschartl, 2632 m, vom Plateau auf 2400 m nach Osten über ein schmales, mittelsteiles Kar (Schwierigkeit rot).

Von der **Niederbruggeralm** ❶ entlang der Fahrstraße taleinwärts. Bei der ersten Almwiese führt rechts ein Sommerweg zur Unterarnalm, der im Frühjahr bei aperem Wald eine Abkürzung ermöglicht. Liegt dort noch

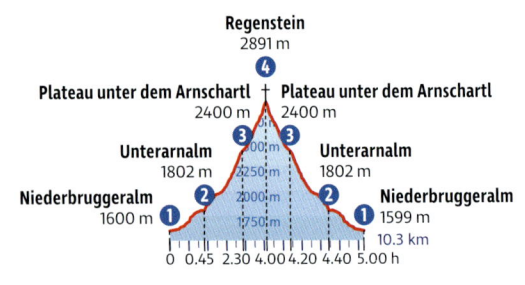

Für die steilen Hänge sind lawinensichere Firnbedingungen ratsam.

Schnee, folgt man besser der Straße noch kurz taleinwärts und steigt dann rechts über die Forststraße hinauf zur **Unterarnalm** ❷, 1802 m. Von den Almhütten weiter über lichten Wald aufwärts zur Forststraße und auf dieser nach rechts zur **Oberarnalm**. Zunehmend lichter Wald bringt uns nun hinauf in ein riesiges, steiles Kar, durch das wir bis zu einem markanten Plateau ❸ in 2400 m Höhe aufsteigen. Sollten wir hier für den Gipfelhang bereits zu spät dran sein, bietet das westexponierte Arnschartl, 2632 m, rechter Hand ein lohnendes Ersatzziel. Ansonsten streben wir nun in immer steilerem Gelände dem **Gipfel** ❹, 2891 m, entgegen. Die ersten zwei Steilstufen lassen sich bei 2450 m durch eine fast horizontale Querung nach links zum Südwestrücken umgehen, bei guten Verhältnissen kann man aber auch direkt aufsteigen. Den Aufstieg durch den felsdurchsetzten Gipfelhang vermittelt die mittig eingelagerte, felsdurchsetzte Rinne. Oft wird man sie mit Ski am Rucksack bewältigen, weniger sichere Skifahrer richten besser an ihrem Beginn ein Skidepot ein.
Abfahrt wie Aufstieg.

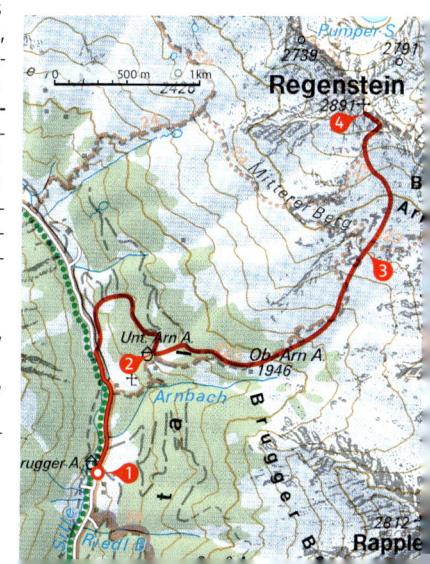

↗ 970 m | ↘ 970 m | 7.2 km
3.40 h

32 Gabesitten, 2665 m

Vom Verseller Berg auf einen prächtigen Skigipfel

Gabesitten heißt der letzte Gipfel im Kamm, der vom Fast-Dreitausender Hochgrabe nach Süd zieht. Durch die vorgeschobene Lage ist die Aussicht recht eindrucksvoll, insbesondere der Blick zu den Gipfeln der Villgratener Berge in der unmittelbaren Umgebung, wie etwa zum Gölbner und zum Gumriaul. Die Abfahrt über die freien Hänge oberhalb der Waldgrenze ist sehr schön, der anschließende lichte Wald zunächst verhältnismäßig gut befahrbar. Danach benützt man am besten die Forststraße.

Talort: Außervillgraten, 1286 m. Im Pustertal nach Heinfels (1 km östlich von Sillian). Richtung Nord nach Außervillgraten abzweigen. Bushaltestelle.
Ausgangspunkt: Weiler Obwurzen, etwa 1700 m. Von Außervillgraten kurz ins Winkeltal, dann nach links und auf schmaler Bergstraße (»Verseller Berg«) zum Weiler Obwurzen. Ungefähr 100 m vor dem Weiler zweigt nach links eine Forststraße ab, auf der unser Anstieg beginnt. Beschränkte Parkmöglichkeit.
Aufstiegszeiten: Obwurzen – Mitterwurzer Alm ½ Std., Mitterwurzer Alm – Wegkreuz ¾ Std., Wegkreuz – Gabesitten 1¾ Std.; Gesamtzeit 3 Std.
Anforderungen: Mittelschwere Skitour, im oberen Teil unschwieriges Skigelände mit einigen Steilstufen; in der Waldregion eher Querungen und Forststraßen.
Hangrichtung: Meist Süd bis Südost.
Orientierung: Bei guter Sicht für erfahrene Tourengeher einfach, bei schlechter Sicht ab Unterstandshütte abzuraten – das Gelände bietet dann kaum verlässliche Anhaltspunkte für die Orientierung.
Lawinengefährdung: Bis zur Unterstandshütte kaum, darüber mitunter lawinengefährdet. Vorsicht ist insbesondere nach stärkeren Schneefällen mit Windverfrachtung angebracht.
Günstige Zeit: Dezember bis April.

Mitterwurzer Alm. Im Hintergrund Regenstein und Rappler.

Von **Obwurzen** ❶ über die Forststraße zur **Mitterwurzer Alm** ❷, 1894 m, dann über Wiesen und lichten Wald nach links aufwärts

Kreuz oberhalb der Waldgrenze. Blick in die Karnischen Alpen. Rechts die Dreischusterspitze (Sextener Dolomiten).

zu einem auffallenden **Kreuz** ❸, etwa 2100 m. Nicht weit entfernt steht eine stets offene Unterstandshütte. Weiter in nördlicher Richtung über abwechslungsreiches Skigelände über einen Rücken. Dieser Rücken wird zunehmend steiler und felsdurchsetzt. Man hält sich nun links und steigt in der Flanke zu einem großen Steinmann und anschließend über den letzten Hang steil, mitunter windverblasen zum Gipfel des **Gabesitten** ❹, 2665 m, auf.

Die **Abfahrt** folgt dem Anstiegsweg.

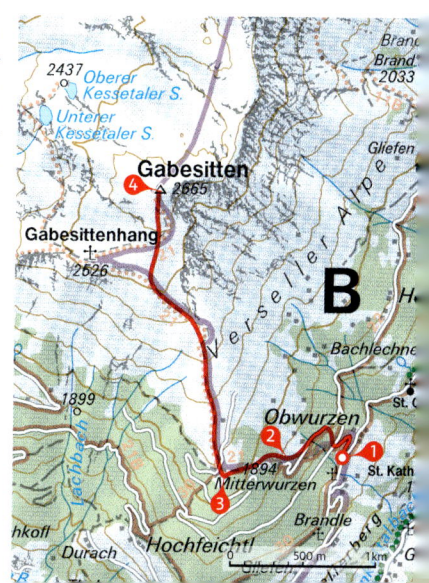

↗ 600 m | ↘ 600 m | 7.0 km
2.30 h

33 Dorfberg, 2114 m

Über Forststraßen und sanfte Almwiesen

Der Dorfberg erhebt sich unmittelbar über dem Kartitscher Sattel und eignet sich als wenig lawinengefährdetes Ausweichziel nach Neuschneefall. Dann wird man auch in den überwiegend waldigen Hängen seine Freude haben, denn freies Skigelände findet sich nur auf den letzten 150 Höhenmetern. Die Region ist nach Südstaulagen äußerst schneereich, weshalb die Tour trotz der sonnigen Lagen dann oft eine gute Basis aufweist. Möchte man Anfängern oder Kindern mit dieser Kurzskitour einen gelungenen Schnuppertag bieten, sollte man aber bedenken, dass sich der Pulverschnee aufgrund der sonnseitigen Exposition sehr schnell zu klebrigem Beton oder unangenehmem Bruchharsch umwandelt.

Talort: Kartitsch, 1353 m. Im Pustertal nach Tassenbach (2,5 km östlich von Sillian, Bahnstation). Richtung (Tiroler) Gailtal nach Kartitsch abzweigen. Bushaltestelle.
Ausgangspunkt: Parkplatz im Ortsteil Rauchenbach, 1518 m. Ausgangspunkt kurz vor dem Kartitscher Sattel. Links von der Straße Klammerwirt, Kapelle, großer Parkplatz. Bushaltestelle.

Aufstiegszeiten: Rauchenbach – Unterstandshütte 1½ Std., Unterstandshütte – Dorfberg ½ Std.; Gesamtzeit 2 Std.
Anforderungen: Leichte Skitour, die im ersten Teil über Forststraßen (Abkürzungen möglich, dann anspruchsvoller) führt, oberhalb der Waldgrenze sanftes Skigelände. Auch für Anfänger geeignet.
Hangrichtung: Meist Süd, Südwest.

Ein Wintermärchen beim Aufstieg zum Dorfberg.

Orientierung: Bei guter Sicht einfach, bei schlechter Sicht kann im flachen Gipfelbereich ein sicherer Umgang mit GPS-Navigation hilfreich sein.

Lawinengefährdung: Bei vernünftiger Wahl der Aufstiegs- und Abfahrtsspur kaum lawinengefährdet.
Günstige Zeit: Dezember bis März.

Vom Parkplatz in **Rauchenbach** ❶ leicht ansteigend auf einem Schlepperweg nach Osten über die Wiese in den Wald, wo man bald auf eine Forststraße trifft. Ihr folgt man nun ein Stück und kann vor einem Stadel eine Kehre abkürzen. Anschließend quert die Straße einen steilen Graben. Über einen licht bewaldeten Rücken lässt sich erneut eine weite Kehre abkürzen. Bevor die Straße flach nach rechts über den Kühbachgraben führt steigt man durch den lichten Wald hinauf in freies Almgelände zu einer kleinen **Unterstandshütte** ❷, 1950 m (Bank und Tisch in einem ehemaligen Heustadel). Das große Gipfelkreuz ❸, 2114 m, ist von hier aus bereits gut zu sehen. Man erreicht es über einen behäbigen, teilweise mit kleinen Bäumchen bestandenen Rücken.

Die **Abfahrt** folgt dem Anstiegsweg.

Fluffiger Pulverschnee – ein wahrer Skigenuss!

TOP 34

Golzentipp, 2317 m

↗ 900 m | ↘ 900 m | 8.2 km
3.40 h

Aussichtsloge gegenüber den Karnischen Alpen

Der Gipfel mit dem lustigen Namen hat einen besonderen Vorzug. Er liegt dem mächtigen Karnischen Hauptkamm so gegenüber, dass man dieses eindrucksvolle Gebirge (zumindest von der Schattseite) zu einem großen Teil einsehen kann. Beim Blick nach Norden, aber natürlich etwas in der Ferne, sind die Gipfel der Hohen Tauern zu sehen, einschließlich des Großglockners, der höchsten Erhebung Österreichs.

Talort: Obertilliach, 1450 m. Im Pustertal nach Tassenbach (2,5 km östlich von Sillian, Bahnstation). Richtung (Tiroler) Gailtal abzweigen und auf gut ausgebauter Bergstraße über den Kartitscher Sattel nach Obertilliach. Bushaltestelle.
Ausgangspunkt: Parkplatz bei der Talstation der Gondelbahn. Bushaltestelle etwas unterhalb an der Umfahrungsstraße.
Aufstiegszeiten: Obertilliach – Gripp 1½ Std., Gripp – Golzentipp 1½ Std.; Gesamtzeit 3 Std.
Anforderungen: Im unteren Teil gelegentlich steil und eng, als mittelschwer einzustufen; oberhalb der Waldgrenze reines Genuss-Skigelände.
Hangneigung: Vorwiegend Süd.
Orientierung: Abfahrtsspuren sind meist vorhanden. Bis zur Waldgrenze einfache Orientierung, darüber gute Sicht erforderlich.
Lawinengefährdung: Bei angepasster Spuranlage nur selten kritisch.
Günstige Zeit: Dezember bis März.
Variante: Nach Benutzung der Gondelbahn und eines Schlepplifts zum Gipfel 1 Std. Abfahrt auf dem beschriebenen Anstiegsweg.

Vom **Parkplatz** ❶ an der Kirche vorbei zu den Pisten der Schlepplifte. Am Rande der Skipiste zur Bergstation eines Schlepplifts und weiter nach links, Piste und Trasse eines weiteren Schlepplifts überquerend. Nunmehr im Wald der Sommermarkierung folgen. Im Wechsel zwischen Wiese und Wald erreicht man (rechts oberhalb eine vorgeschobene Kuppe, **»Gripp«** ❷, 1952 m) die Nähe des Gratrückens. Weiter ungefähr wie der Sommerweg zu einer Jagdhütte. Wenig später erreicht man eine Gruppe alter Almhütten. Diese »Kutteschupfen« sind heute

Unerwartet nah: Gipfel des Alpenhauptkamms mit dem Großglockner als Blickfang.

nur mehr zum Teil erhalten. Sie sind wichtige Zeugnisse der bäuerlichen Kultur in Osttirol und dienten während der Mahd als Heuhütten.

Der Gratrücken wird nun immer gemütlicher. Über ihn ersteigt man den **Golzentipp** ❸, 2317 m, mit dem großen »Heimkehrerkreuz«. Ungewöhnlich ist die auf einer Inschrift dokumentierte Umwidmung von einem Gedenkkreuz für die Gefallenen von Obertilliach und den umliegenden Orten zu einem »Friedenskreuz«.

Die **Abfahrt** folgt dem Anstiegsweg.

Das Gipfelkreuz wurde »umgewidmet«. Vom Gedenkkreuz für Gefallene zu einem »Friedenskreuz«.

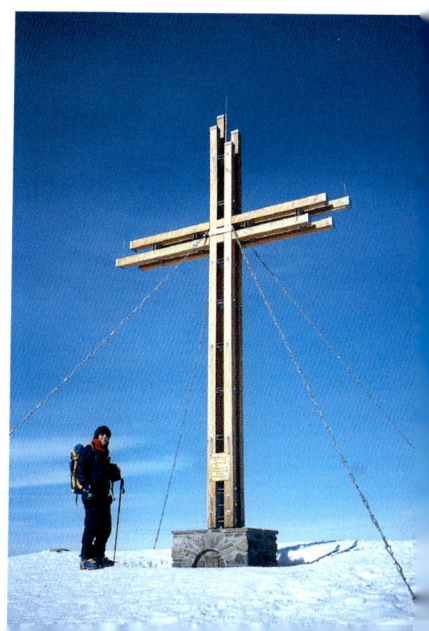

↗ 730 m | ↘ 730 m | 6.5 km
3.00 h

35 Steinrastl, 2184 m

Ein Orkan schafft neues Skigelände

Im Oktober 2018 hat ein Orkan von Friaul kommend im Lesachtal gewaltige Verwüstungen angerichtet und komplette Wälder niedergestreckt. So ist auch vom Waldgürtel unterhalb der Schwarzmoosalm nicht mehr viel übrig. Das hat den Charakter dieser Skitour verändert, die nun überwiegend über freie Hänge statt durch den Wald führt.

Talort: Obertilliach, 1450 m. Im Pustertal nach Tassenbach (2,5 km östlich von Sillian, Bahnstation). Richtung (Tiroler) Gailtal abzweigen und auf gut ausgebauter Bergstraße über den Kartitscher Sattel nach Obertilliach. Bushaltestelle.
Ausgangspunkt: Weiler Flatsch, 1459 m. Von Obertilliach etwa 2 km weiter talein bis zur Brücke über den Gärberbach. Unmittelbar vor dem Bach nach links, nach etwa 300 m nach rechts über eine Brücke und auf schmaler, aber asphaltierter Bergstraße zunächst zum Weiler Huben. Weiter zum Weiler Flatsch (altes Bauernhaus, daneben ein Neubau, eine Kapelle, beschränkte Parkmöglichkeit).
Aufstiegszeiten: Flatsch – Waldgrenze 1½ Std., Waldgrenze – Steinrastl 1 Std.; Gesamtzeit 2½ Std.
Anforderungen: Im unteren Teil mittelsteiles Gelände, in dem die Aufstiegsspur durchaus die ein oder andere Spitzkehre aufweisen wird. Oberhalb der Waldgrenze sanftes und hindernisloses Almgelände.
Hangrichtung: Süd.
Orientierung: Oberhalb der Waldgrenze nur bei guter Sicht einfach. Bei schlechter Sicht ist der Gipfel ausgesprochen schwierig zu finden!
Lawinengefährdung: Nach starken Schneefällen oder bei Erwärmung im unteren Teil unter Umständen einige kritische Passagen – ab der Waldgrenze zu flach für Lawinen.
Günstige Zeit: Dezember bis März.

Von der Straßenkehre in **Flatsch** ❶ links haltend über die Wiese aufwärts zu einer Gasse zwischen den Baumreihen. Anschließend gerade die mittelsteilen Hänge aufwärts zu einer Forststraße. Jetzt schräg

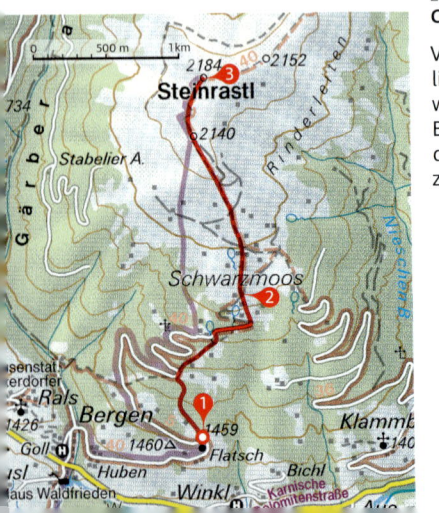

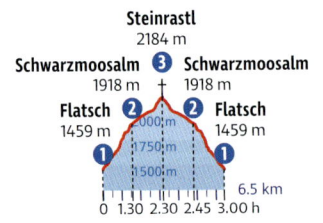

Die malerischen Hütten von Schwarzmoos. Im Hintergrund das Winkler Tal.

rechts zu einer Almwiese, ein steiles Waldstück rechts umgehen und zuletzt auf der Forststraße nach rechts durch ein verbliebenes Waldstück hinaus in deutlich flacheres Almgelände. Über schöne sanfte Hänge steigt man über einen breiten Südrücken auf. Am Weg liegen schöne alte Heuhütten ❷ (»**Schwarzmoos**«), 1918 m. Dem Gipfel ist man nun nahe, sieht ihn aber noch lange nicht, da er ziemlich weit nördlich liegt. Schließlich steht man aber doch beim Gipfelzeichen ❸, einem kleinen Steinmann mit einer Holzstange. Eindrucksvoll ist der Nahblick zum Eggenkofel, umfassend der Blick in die Karnischen Alpen. Sogar von den Sextener Dolomiten sieht man deutlich einige Gipfel, z. B. die Dreischusterspitze und den Haunold, und zwischen zwei Gipfeln der Villgrater Berge den Hochgall.
Die **Abfahrt** folgt dem Anstiegsweg.

↗ 950 m | ↘ 950 m | 9.0 km
4.00 h

36 Hoher Bösring, 2324 m

Skigipfel auf der Schattseite des Tiroler Gailtales

Der Bösring ist ein schöner Skigipfel mit Blick zur Porze, einer mächtigen, im Ersten Weltkrieg heiß umkämpften Felsmauer. Wie bei einigen anderen Touren hat auch hier der Orkan von 2018 für neue Waldschneisen gesorgt, sodass man bei guter Schneelage jetzt nur noch ganz unten eine kurzes Forststraßenstück abfahren muss. Man erreicht dabei einen Zwischengipfel (Zwiesel, 2089 m), der bei schlechter Sicht oder hoher Lawinengefahr als Ausweichziel dient. Eine Bewährungsprobe ist der steile Gipfelhang, der zum Bösring führt und bei Hartschnee recht unangenehm sein kann.

Talort: Obertilliach, 1450 m. Im Pustertal nach Tassenbach (2,5 km östlich von Sillian, Bahnstation). Richtung (Tiroler) Gailtal abzweigen und auf gut ausgebauter Bergstraße über den Kartitscher Sattel nach Obertilliach. Bushaltestelle.
Ausgangspunkt: Biathlon-Zentrum Obertilliach etwa 1,5 km westlich des Ortszentrums, großer Parkplatz, Bushaltestelle.

Aufstiegszeiten: Biathlonzentrum – Scheibrastl 1¼ Std., Scheibrastl – Zwiesel 1 Std., Zwiesel – Hoher Bösring ¾ Std.; Gesamtzeit 3 Std.
Anforderungen: Leichte bis mittelschwere Tour, lediglich der Gipfelhang ist ziemlich steil (etwa 100 Hm über 30°).
Hangrichtung: Meist Nord, Nordost.
Orientierung: Bis zur Waldgrenze bei jedem Wetter einfach, dann durch den Rücken vorgegeben.
Lawinengefährdung: Mitunter lawinengefährdet.
Günstige Zeit: Januar bis März.

Vom **Parkplatz** ❶ entlang der Loipe nach rechts leicht abwärts über den Bach und jenseits kurz nach links zum Beginn des Sommerwegs (gelbe Wegweiser). Etwa 100 m wei-

Abkürzung der Straße im unteren Teil über den Stockhang.

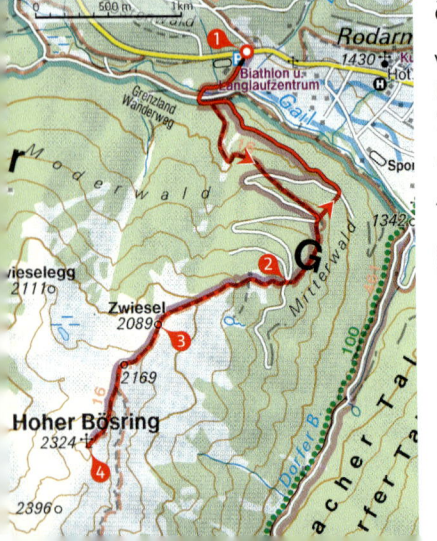

Pulverschnee unter dem Gipfelkreuz.

ter beginnt die Forststraße. Nun entweder auf dieser oder auf dem meist gespurten Sommerweg die weiten Kehren der Straße abkürzend bis zu einem Holzlagerplatz am **»Scheibrastl«** ❷, 1800 m, kurz vor Ende der Straße oberhalb einer hohen, steilen Lichtung, Nun durch schütteren Wald vorbei an einer Jagdhütte in immer offeneres Gelände. Von hier führt ein breiter Rücken zur **Zwiesel** ❸ (= »Weggabelung«, 2089 m). Schöner Blick hinunter nach Obertilliach. Von der Zwiesel wandern wir nahezu eben zum Gipfelhang, dann steigt man zum Gipfelkreuz ❹ auf.

Die **Abfahrt** folgt dem Anstiegsweg. Die Schneise vom Scheibrastl kann man bei genügend Schnee gerade hinabfahren bis zur untersten Straßenkehre. Bei geringer Schneelage oder schlechter Schneequalität bleibt man besser auf der Straße.

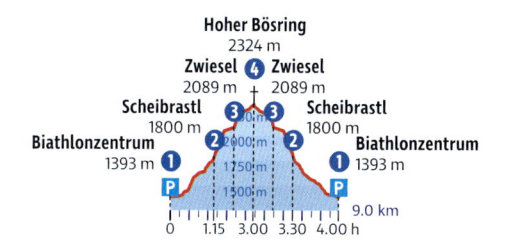

↗ 1250 m | ↘ 1250 m | 14.9 km

37 Große Kinigat, 2689 m

5.00 h

Abwechslungsreiche Skitour mit steilem Abschluss

Die Große Kinigat ist eine der beherrschenden Berggestalten der Karnischen Alpen. Obwohl man es aufgrund seiner felsigen Gestalt kaum glauben kann, bietet dieser Berg einen sehr lohnenden Skianstieg. Nur die letzten 80 Höhenmeter müssen zu Fuß zurückgelegt werden – dafür bietet sich vom großen Gipfelkreuz eine hervorragende Aussicht von den Zillertaler Alpen und Hohen Tauern im Norden über die Lienzer Dolomiten, die gesamten Karnischen Alpen bis weit hinein in die Dolomiten. Vom gleichen Ausgangspunkt startet auch die Öfenspitze – eine typische Lesachtaler Skitour mit viel Wald im unteren Teil und einem schönen Kar zum Abschluss.

Talort: Kartitsch, 1353 m. Im Pustertal nach Tassenbach (2,5 km östlich von Sillian, Bahnstation). Hier Richtung (Tiroler) Gailtal nach Kartitsch abzweigen. Bushaltestelle.

Ausgangspunkt: Parkplatz im Ortsteil Rauchenbach, 1514 m, kurz vor dem Kartitscher Sattel. Links der Fahrstraße Klammerwirt, Kapelle, großer Parkplatz (Langläufer!). Bushaltestelle.

Aufstiegszeiten: Rauchenbach – Talschluss Erschbaumertal 1 Std., Talschluss – Hintersattel 2 Std., Hintersattel – Skidepot ¾ Std., Skidepot – Gipfel ¼ Std.; Gesamtzeit 4 Std.

Anforderungen: Insgesamt anspruchsvolle Tour mit einigen steilen Hängen. Gipfelanstieg zu Fuß ausgesetzt aber technisch unschwierig, bei Vereisung u.U. Steigeisen.

Die letzten Kehren zum Skidepot am Beginn der Schneerampe.

Abwechslungsreiches Skigelände im Aufstieg zum Hintersattel.

Hangrichtung: Vorwiegend Nord und Nordwest, ab Hintersattel südseitig.
Orientierung: Bei guter Sicht problemlos.
Lawinengefährdung: Häufig lawinengefährdet – im Erschbaumertal durch Spontanlawinen aus den Flanken, in der Folge Schneebrettgefahr an den Steilstufen. Vorsicht bei Erwärmung in der südseitigen Querung zum Skidepot.

Günstige Zeit: Dezember bis März.
Einkehr: Klammerwirt am Ausgangspunkt, klammerwirt.com.
Variante: Öfenspitze, 2334 m. Am Sommerweg anfangs teils entlang der Rodelbahn zur Waldgrenze, dann über Lichtungen und einen steilen Gipfelhang zum höchsten Punkt. 2.30 Std., Schwierigkeit rot.

Vom Parkplatz beim **Klammerwirt** ❶ über die Straße und am Holzlagerplatz nach rechts, dann einem Weg durch den Wald zur breiten Forststraße folgen, die von Erschbaum heraufkommt. Auf der anfangs sehr flachen Straße auf der linken Seite taleinwärts, dann kontinuierlich ansteigend bis

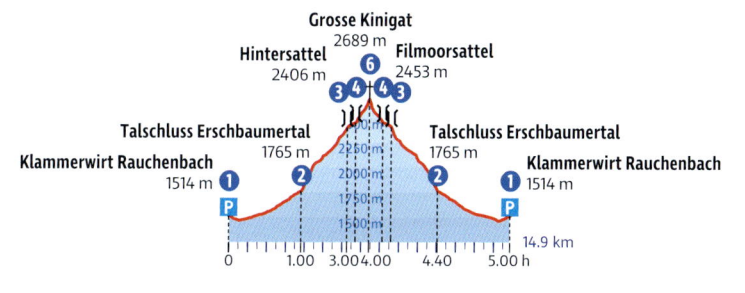

Die letzten Kehren zum Skidepot am Beginn der Schneerampe.

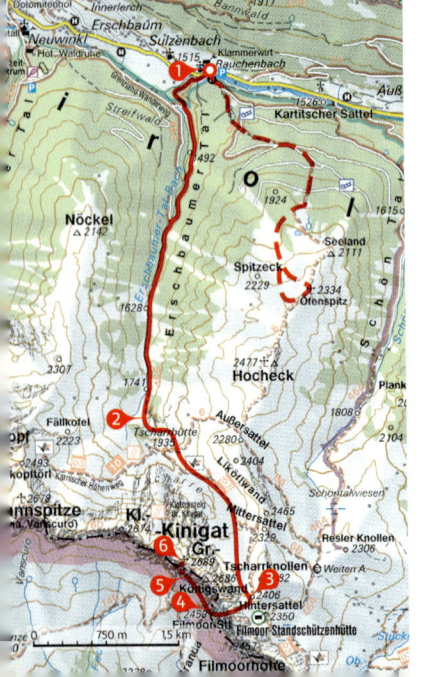

in den **Talschluss** ❷. An einer Felswand kann man entweder direkt links in Spitzkehren oder rechts davon durch ein schattiges Tal in das Hochkar der Tscharre aufsteigen. Unterhalb der Nordwände der Großen Kinigat gelangt man nun nach Südosten aufwärts zum **Hintersattel** ❸, 2406 m. Vom Sattel quert man südlich direkt unterhalb der Felsen und dann etwas ansteigend in den **Filmoor-Sattel** ❹, 2453 m. Jenseits des Jochs zieht man über den Südhang linkshaltend hinauf bis zu einer markanten Schneerampe, die von rechts nach links aufwärts durch die Gipfelwand führt. Am Beginn der Rampe **Skidepot** ❺. Zu Fuß bei normalen Verhältnissen unschwierig, aber etwas luftig über die Rampe zum flachen Gipfelhang und über diesen zum Gipfel der **Großen Kinigat** ❻, 2689 m.

Die **Abfahrt** folgt dem Anstiegsweg.

↗ 760 m | ↘ 760 m | 11.5 km

3.45 h

Roteck, 2390 m | 38

Benachbarte Sextener Dolomiten als Hauptattraktion und Blickfang

Die Gipfel im westlichen Teil des Karnischen Hauptkammes sind auch von Süden zugänglich, zum Teil bequem von der Bergstation der Helmbahn, zum Teil nach einem etwas langweiligen Zustieg über die Nemeshütte. Das Roteck ist dem Hauptkamm vorgelagert und dadurch in etwas kürzerer Zeit erreichbar. Bis zur Nemeshütte sehr schöne Abfahrt, ein Hochgenuss bei Firn! Dann geht es weniger berauschend über Almstraßen.

Talort: Sexten-Moos, 1339 m. Durch das Pustertal nach Innichen (Bahnstation). Ins Sextental abzweigen und durch das Tal nach Sexten-Moos. Bushaltestelle. Große Parkplätze.
Ausgangspunkt: Kreuzbergpass, 1636 m. Von Sexten-Moos auf gut ausgebauter Bergstraße. Bushaltestelle, Parkplatz.
Aufstiegszeiten: Kreuzbergpass – Nemeshütte 1 Std., Nemeshütte – Roteck 1¾ Std.; Gesamtzeit 2¾ Std.
Anforderungen: Bis zur Nemeshütte Forststraße mit geringem Höhengewinn. Von der Hütte zum Gipfel vorwiegend mittelsteile Hänge. Lediglich der untere Teil des Südostrückens ist steiler und erfordert einige Spitzkehren.
Hangrichtung: Vorwiegend Südost bis Südwest.
Orientierung: Bis zur Nemeshütte völlig problemlos. Ab Nemeshütte unübersichtlich, nur bei guter Sicht!
Lawinengefährdung: Mitunter lawinengefährdet, insbesondere nach stärkeren Schneefällen mit Windverfrachtung, wegen der sonnseitigen Lage ab Februar auch durch die Tageserwärmung.
Günstige Zeit: Dezember bis März.
Einkehrmöglichkeit: Nemeshütte, 1877 m (keine Nächtigungsmöglichkeit), alpe-nemes.com, bew. Dezember bis April, Tel. +39 347 0119 360.

Bilderbuchwetter oberhalb der Nemeshütte.

Bunkeranlagen aus der Mussolini-Zeit über dem Kreuzbergpass.

Vom Parkplatz am **Kreuzbergpass** ❶ (oft überfüllt, früh dran sein hilft!) auf einer Forststraße zur **Nemeshütte** ❷, 1885 m. Es handelt sich um eine Art »Multifunktionsweg«, der nicht nur den Tourengehern dient, sondern auch Langläufern, Rodlern und Winterwanderern. Leider hat man einmal einen Höhenverlust von etwa 50 m. Von der Hütte quert man Richtung Nordost ansteigend um einen Rücken bis vor einen Bachgraben. Nun anfangs zwischen dem Graben und dem Rücken aufwärts. Wo es etwas steiler wird, durch einzelne Bäume hindurch links zum Rücken und auf diesem aussichtsreich und zusehends flacher bis zum Gipfel des **Roteck** ❸, 2390 m.

Die **Abfahrt** folgt dem Anstiegsweg. Bei sicheren Bedingungen kann in fast alle Richtungen abgefahren werden – zu dem Bachgraben der Aufstiegsroute genauso wie nach Westen über die Nemesalpe. Auch durch die Südflanke führt eine sehr steile Rinne zwischen den Felsbändern hinab.

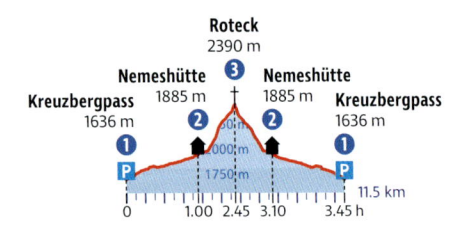

Dolomitenpanorama am Roteck (oben). Diese Aussicht begleitet uns auch bei der Abfahrt über die Nemesalpe (unten).

TOP 39 | **Sextner Stein, 2539 m**

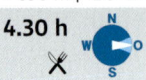

↗ 850 m | ↘ 850 m | 12.9 km
4.30 h

Logenplatz gegenüber den Nordwänden der Drei Zinnen

Der Sextner Stein ist ein unbedeutender Gipfel und dennoch eine Besonderheit. Von hier aus wurden die meisten berühmten Bilder von den Nordwänden der Drei Zinnen aufgenommen. Diese wuchtigen Klötze liegen dem Sextner Stein in geringer Entfernung genau gegenüber! Die Drei Zinnen sind uns so nahe, dass es schon ein 28-mm-Weitwinkelobjektiv sein muss, wenn wir sie vollständig auf den Film bannen wollen. Nebenbei bemerkt, Gipfel wie Zwölfer, Einser oder Paternkofel stehen dem »Nordwandblick« nicht viel nach. Einfach eine Skitour zum Schauen und Staunen! Landschaftlich hat unsere Skitour zudem bereits viel früher die ersten Höhepunkte. Beim Hineinwandern zur Talschlusshütte steht der Einserkofel vor uns. Diesen herrlichen Berg sehen wir während des Aufstiegs durch das Altensteiner Tal allmählich aus einem anderen Blickwinkel, immer aber eindrucksvoll dolomitisch. Die Abfahrt ist eher leicht, sodass der aussichtsreiche Anstieg auch schwächeren Skifahrern zugemutet werden kann, sofern sie genügend Kondition besitzen.

Die Zinnenhütte und die Drei Zinnen kommen ins Blickfeld.

Auch Einserkofel und Obernbacherspitzen sind eindrucksvolle Felsgestalten.

Talort: Sexten-Moos, 1339 m. Durch das Pustertal nach Innichen (Bahnstation). Ins Sextental abzweigen und durch das Tal weiter nach Sexten-Moos. Bushaltestelle.

Ausgangspunkt: Parkplatz unmittelbar vor dem Dolomitenhof, 1454 m. Von Sexten-Moos Richtung Kreuzbergpass, dann nach rechts ins Fischleintal abzweigen. Auf gut geräumter Fahrstraße bis zum Dolomitenhof. Großer Parkplatz (gebührenpflichtig) noch vor dem Hotel rechts.

Aufstiegszeiten: Dolomitenhof – Talschlusshütte ½ Std., Talschlusshütte – Bödenseen 2¼ Std., Bödenseen – Sextner Stein ¾ Std.; Gesamtzeit 3½ Std.

Anforderungen: Einige Steilstufen, aber keine alpinen Schwierigkeiten. Wenn der kurze Nordrücken nicht zu sehr abgeweht ist, erreicht man den Gipfel mit Skiern.

Hangrichtung: Vorwiegend Ost.

Orientierung: Bei guter Sicht einfach.

Lawinengefährdung: Mitunter lawinengefährdet, insbesondere beim Aufstieg durch das Altensteiner Tal zu den Bödenseen.

Günstige Zeit: Dezember bis April.

Einkehrmöglichkeit: Talschlusshütte, Tel. +39 0474 710606, talschlusshuette.com.

Variante: Schusterplatte, 2957 m. Frühjahrstour, deutlich schwieriger und größere Lawinengefährdung. Nördlich der Bödenseen nach rechts abzweigen. Im Wechsel von Steilstufen und flacheren Abschnitten durchsteigt man die steile Südwestflanke der Schusterplatte und muss dabei immer wieder kleinen Felsabbrüchen ausweichen. Unterhalb der Altensteinscharte, 2886 m, nach links abbiegen und über eine eigenartige Rampe, zuletzt über den Südostrücken zum Gipfel. 1500 Hm, 5 Std. Vorsicht bei der Abfahrt – Felsabbrüche!

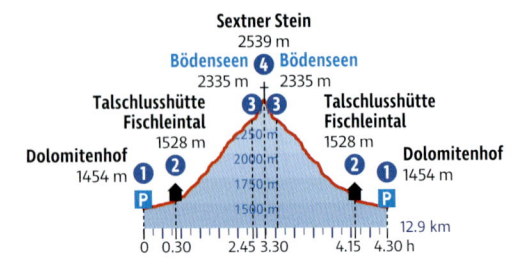

Sextner Stein
2539 m
Bödenseen ④ **Bödenseen**
2335 m   2335 m
Talschlusshütte ③ ③ **Talschlusshütte**
Fischleintal   **Fischleintal**
1528 m   1528 m
Dolomitenhof   **Dolomitenhof**
1454 m ① ②   ② ① 1454 m

                                        12.9 km
0   0.30   2.45 3.30   4.15 4.30 h

Vom Parkplatz vor dem **Dolomitenhof** ① wandert man neben der Loipe talein, zwar mit höchst mäßigem Höhengewinn, dafür aber mit prachtvoller Aussicht. Durch den weiten Talboden erreicht man die **Talschlusshütte** ②, 1528 m. Wir halten uns rechts zum Eingang des Altensteintals. Zuerst folgen wir dem Talgrund, bevor wir eine felsige Verengung auf der rechten Seite umgehen und so mit zunehmend umfassenderer Aussicht einen weiten Boden erreichen, in den die **Bödenseen** ③, 2335 m, eingelagert sind. Die **Dreizinnenhütte** auf dem Toblinger Riedl ist nun bereits sichtbar,

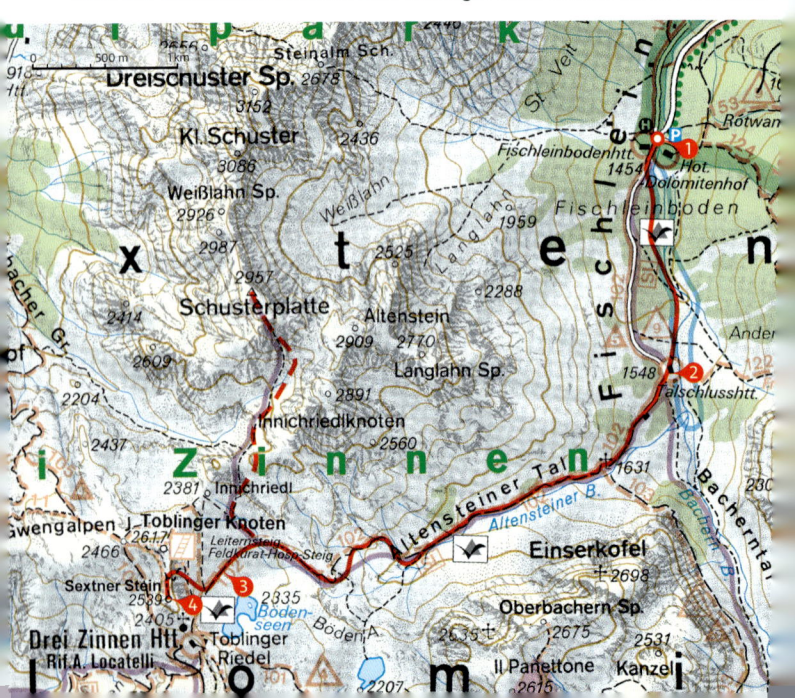

Im Ersten Weltkrieg hart umkämpft: Toblinger Knoten.

ebenso unser Gipfel: der Endpunkt des Rückens, der vom auffälligen **Toblinger Knoten** herabzieht. Durch die Flanke erreicht man die Einsattelung zwischen dem Toblinger Knoten und dem Sextner Stein. Über den Rücken in wenigen Minuten unschwierig zum **Gipfel** ❹, 2539 m.
Die **Abfahrt** folgt dem Anstiegsweg.

↗ 900 m | ↘ 900 m | 17.3 km
6.00 h

40 Rund um die Drei Zinnen

Skitour in großartiger Dolomitenlandschaft

Skiläuferisch ist die Umrundung der Drei Zinnen keine Offenbarung – egal von welchem Ausgangspunkt man startet. Die eigentliche Umkreisung besteht aus einem kleinteiligen Auf- und Ab, bei dem die Landschaftseindrücke im Vordergrund stehen. Abfahrtsmeter sammelt man hingegen kaum. Die meisten Schwünge erntet man bei allen Varianten in der finalen Talabfahrt zum Ausgangspunkt. Drei mögliche Startpunkte kommen für die Rundtour infrage: Das Fischleintal bei Sexten mit Aufstieg über Tour Nr. 39, der Lago d' Antorno mit Aufstieg über die im Winter geschlossene Mautstraße von Süden und das Höhlensteintal mit der hier vorgestellten Route durch das Rienztal. Die abschließende Abfahrt durch den wilden Canyon von der Forcella Col di Mezzo darf jedoch nicht unterschätzt werden. Bestehen Zweifel, ob die Bedingungen passen oder die eigenen Fähigkeiten ausreichen, sollte sicherheitshalber der landschaftlich ebenso grandiose Umweg zurück über die Langalm zur Aufstiegsroute erwogen werden.

Talort: Toblach, 1241 m. Bahnstation, Bushaltestelle. Man fährt nicht in das Dorf, sondern auf der Umfahrungsstraße zur Abzweigung nach Cortina

Ein Bildhauer hätte sie nicht besser designen können: Die Drei Zinnen.

Blick nach Süden in die Cadini-Gruppe, rechts hinten der Sorapis.

d'Ampezzo.
Ausgangspunkt: Parkplatz kurz nach dem Hotel Drei Zinnen Blick an der linken Straßenseite, 1406 m. Von der Abzweigung südlich von Toblach durch das Höhlensteintal zum Hotel. Bushaltestelle.
Aufstiegszeiten: Hotel Drei Zinnen Blick – Paternsattel 3½ Std., Paternsattel – Forcla Col di Mezzo 1 Std.; Gesamtzeit 4½ Std.
Anforderungen: Stellenweise (Steilstufen) mittelschwere Skitour, häufig jedoch eine gemütliche Skiwanderung.
Hangrichtung: Alle Hangrichtungen (Rundwanderung!). Hauptabfahrt Nord, Nordwest.
Orientierung: Bei guter Sicht problemlos, bei schlechter Sicht abzuraten.
Lawinengefährdung: Mitunter lawinengefährdet, insbesondere in den Steilstufen nach stärkeren Schneefällen mit Windverfrachtung.
Günstige Zeit: Januar bis März.
Stützpunkt: Hotel Drei Zinnen Blick,

Querung vom Paternsattel zur Auronzohütte unterhalb der »Gelben Kante« der Kleinen Zinne.

1406 m. Rechts von der Straße, davor eine Kapelle. Ganzjährig bewirtschaftet. I-39034 Toblach, Landro 6, Tel.+39 0474 972633, Fax 972330, hoteltrecime.com.
Varianten: Deutlich einfacher gestaltet sich die Umrundung mit Aufstieg vom Fischleintal zur Drei-Zinnen-Hütte (siehe Tour 39) oder vom Süden vom Lago d'Antorno über die im Winter geschlossene Mautstraße. Im zweiten Fall empfiehlt es sich, die Runde gegen den Uhrzeigersinn durchzuführen und von der Forcella Col di Mezzo direkt nach Süden abzufahren (hohe und sichere Schneelage vorausgesetzt).

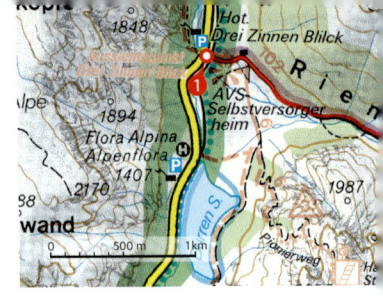

Vom **Parkplatz** ❶ auf dem Fahrweg ins Rienztal. Lange Zeit geht es nun auf einer Forststraße im Anstiegssinne links vom Bach, der »Schwarzen Rienz«, aufwärts. Wo sich das Tal verzweigt ❷, wandern wir im linken Ast weiter. Wir überwinden eine Steilstufe, müssen dann aber nicht zur Hütte hinauf, sondern biegen vorher nach rechts ab und steigen zum **Paternsattel** ❸, 2454 m, auf.
Nun quert man südosteitig unter der mächtigen Südwand der Kleinen Zinne, wobei man knapp 150 Höhenmeter abfährt und zuletzt fast eben die **Auronzohütte** ❹, 2320 m, erreicht. Spätestens hier montiert man noch einmal die Felle an die Ski und quert weiter horizontal bis leicht ansteigend nach Westen in die **Forcella Col di Mezzo** ❺, 2315 m, die erste tiefe Scharte westlich der Drei Zinnen. Hinter der Scharte öffnet sich ein eindrucksvoller, trichterförmig in eine Schlucht führender Nordwesthang. Durch diesen

Über die im Winter verwaisten Parkplätze der Auronzohütte.

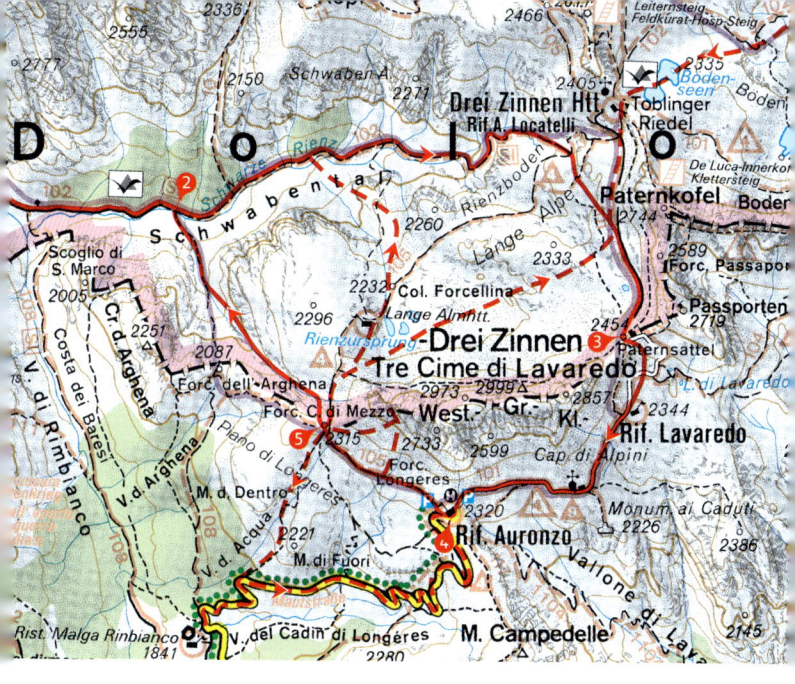

Canyon geht es sehr steil und zwischendurch auch eng hinab ins Rienztal. Eine felsige Engstelle bildet die Schlüsselstelle. Entweder kann sie rechts umfahren werden oder es müssen die Ski abgeschnallt werden, unter Umständen kann sogar ein Seil hilfreich sein. Wem diese Schlucht zu viel Abenteuer bedeutet, der quert vom Col di Mezzo horizontal nach Norden (ebenfalls sichere Lawinenlage nötig!) und fährt dann unter der überhängenden Nordwand der Westlichen Zinne zur Langalm, wo man unschwierig zurück zur Aufstiegsroute queren kann.

↗ 1000 m | ↘ 1000 m | 15.1 km
3.30 h

41 Strudelkopf, 2307 m

Gemütliches Skiziel mit großartigem Blick zu den Drei Zinnen

Möchte man nach einem anstrengenden Tourentag, etwa auf den Seekofel, eine Erholungspause einlegen, aber doch nicht gänzlich auf eine Tour verzichten, ist das »Heimkehrerkreuz« auf dem höchsten der Strudelköpfe ein lohnendes Ziel. Von hier aus hat man einen ausgezeichneten Blick zum zweiten Ziel, das in diesem Führer vom Höhlensteintal her beschrieben wird: auf den nördlichen Teil der Zinnenumrundung. Ein berauschendes skiläuferisches Erlebnis ist nicht zu erwarten, aber eine gemütliche Skiwanderung ohne Orientierungsschwierigkeiten und mit herrlichem Blick in die Sextener Dolomiten und in die Cristallo-Gruppe.

Talort: Toblach, 1241 m. Bahnstation, Bushaltestelle. Im Pustertal auf der Umfahrungsstraße zur Abzweigung nach Cortina d'Ampezzo.
Ausgangspunkt: Schluderbach, 1453 m. Von der Umfahrungsstraße südlich von Toblach durch das Höhlensteintal nach Schluderbach (»Hotel Ploner«) und 400 m weiter in Richtung Cortina d'Ampezzo zum Parkplatz auf der linken Seite. Bushaltestelle am Hotel.
Aufstiegszeiten: Parkplatz – Dürrensteinhütte 2 Std., Dürrensteinhütte – Strudelkopf ¾ Std., Gesamtzeit 2¾ Std.
Anforderungen: Im ersten Teil des Aufstiegs bequem auf einer Militärstraße, im zweiten Teil über sanftes, leichtes Skigelände. Weder skitechnische noch alpine Anforderungen.
Hangrichtung: Meist Südwest.
Orientierung: Im unteren Teil einfach, oben bei schlechter Sicht sehr unübersichtlich.
Lawinengefährdung: Bei vernünftiger Spurwahl kaum lawinengefährdet. Bei extremen Verhältnissen unter Umständen am Beginn des Aufstiegs rechts von der Flanke her (»Geierwand«) gefährdet.
Günstige Zeit: Dezember bis März.
Einkehr: Dürrensteinhütte, 2040 m, privat, ganzjährig bewirtschaftet, Nächtigungsmöglichkeit. Tel. +39 0474 972505, vallandro.it.

Abfahrt vom Strudelkopf. Hinten die mächtige Hohe Gaisl.

Vom Parkplatz in **Schluderbach** ❶ über die Straße und 80 m nach links zum Beginn der ehemaligen Militärstraße. Auf ihr bequem und ohne Orientierungsschwierigkeiten zur **Dürrensteinhütte** ❷, am Plätzwiesensattel. Die Hütte liegt am Südostrand der Plätzwiesen. (Hier

Heimkehrerkreuz auf dem Strudelkopf gegen Dürrenstein und (näher) Helltaler Schlechten.

her auch aus dem Pragser Tal bis zum großen Parkplatz vor dem Gasthaus Plätzwiese; ¾ Std.) Von der Dürrensteinhütte steigt man entweder unmittelbar (etwas steiler) oder in einer großen Schleife auf einem Fahrsträßchen zum Strudelkopfsattel, 2200 m, auf. Von hier aus sieht man bereits das große **»Heimkehrerkreuz«** ❸, 2307 m. Man erreicht es mühelos über sanftes Skigelände.

Die **Abfahrt** folgt dem Anstiegsweg – gemütlich über sanfte Hänge, dann über die Militärstraße (gelegentlich können Kehren abgekürzt werden).

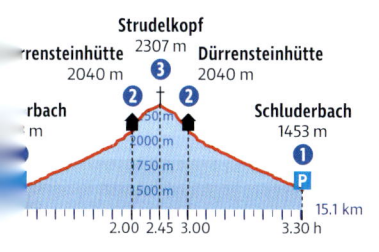

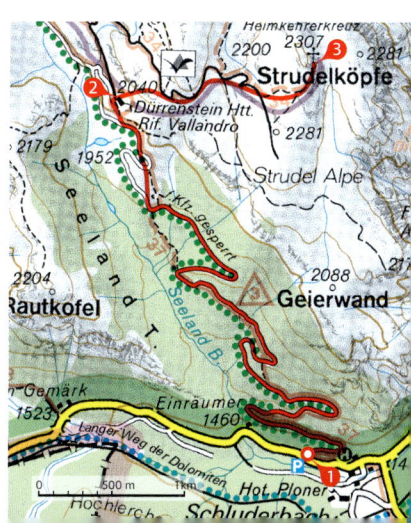

TOP 42

Dürrenstein, 2839 m

↗ 850 m | ↘ 850 m | 6.5 km
3.15 h

Ein Felsklotz Ziel einer Skitour?

Das soll ein Skigipfel sein? Wenn man sich dem Dürrenstein aus dem Pustertal nähert, stellt man sich diese Frage. Der Felsklotz hat jedoch auch eine gemütliche Seite: die steile Südflanke, ein skiläuferischer Hochgenuss bei guten Schneeverhältnissen. Der Aufstieg auf diesen bedeutenden Gipfel ist kurz, weil die Bergstraße zur Plätzwiese während der ganzen Tourensaison geräumt wird (viele Langläufer). Auch unsere Anstiegsbeschreibung ist kurz, denn in der riesigen Flanke findet man kaum Anhaltspunkte für eine genauere Schilderung. Wer schon am Vortag anreist, um am nächsten Tag möglichst früh starten zu können und »Butterfirn« zu erwischen, findet Nächtigungsmöglichkeiten nach Maß, vom Gasthof »Plätzwiese« bis zum Hotel »Hohe Gaisl«.

Talort: Prags, 1218 m. Im Pustertal bis zur Abzweigung der Straße ins Pragser Tal zwischen Welsberg und Niederdorf. Durch das Tal nach Prags (mehrere Ortsteile). Bushaltestelle.

Im Vordergrund die Helltaler Schlechten, dahinter die Drei Zinnen.

Ausgangspunkt: Plätzwiese, 1991 m. Von Prags auf einer Bergstraße. Zumeist gut geräumt (beliebte Loipe!), doch nach stärkeren Schneefällen Schneeketten erforderlich. Große Parkplätze.
Aufstiegszeiten: Plätzwiese – Vorgipfel 2½ Std., Vorgipfel – Dürrenstein ¼ Std.; Gesamtzeit 2¾ Std.
Anforderungen: Steile, wenig gegliederte Südflanke; bei Hartschnee Abrutschgefahr, daher gute Skitechnik erforderlich.
Hangrichtung: Vorwiegend Südwest.
Orientierung: Bei guter Sicht für erfahrene Tourengeher einfach; bei schlechter Sicht wegen fehlender eindeutiger Orientierungspunkte abzuraten!
Lawinengefährdung: Mitunter lawinengefährdet, im Winter nach stärkeren Schneefällen, im Frühjahr durch die Tageserwärmung.
Günstige Zeit: Januar bis April.
Einkehr: Berggasthof »Plätzwiese« (nahe dem Parkplatz). Anschrift: I-39030 Prags, Außerprags 58, Tel. +39 0474 748650, plaetzwiese.com. (Die Dürrensteinhütte liegt am anderen Ende der Plätzwiese. Sie eignet sich für eine Nächtigung, weniger gut aber als Ausgangspunkt für den Dürrenstein.)

Rückkehr vom Hauptgipfel des Dürrensteins zum Skidepot. Beherrschend im Bild die Hohe Gaisl.

Vom Parkplatz **Plätzwiese** ❶ zuerst flach nach Osten bis zu den letzten Bäumen, dann steil durch die gewaltige Südflanke nach Norden zu einem Vorgipfel (Pkt. 2700 der Tabacco-Karte). Diesen Vorgipfel erreicht man im letzten Teil des Aufstiegs unterhalb eines Gratrückens. Der Dürrenstein lässt sich mit Ski besteigen, doch ist die Einschartung zwischen Vor- und Hauptgipfel oft recht heikel. In diesem Falle steigt man die letzten Meter zu Fuß auf. Nach der Scharte kurz und problemlos zum **Gipfelkreuz** ❷.

Die **Abfahrt** folgt dem Anstiegsweg, doch ermöglicht die riesige Südflanke viele Varianten.

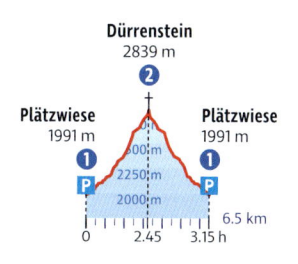

↗ 1000 m | ↘ 1000 m | 11.3 km
3.45 h

43 Kleiner Jaufen, 2372 m

Gute Chancen für Gipfelsammler

Der Kleine Jaufen ist eine von vielen Kuppen auf einer Hochfläche. Wer sein Tourenbuch bereichern möchte, kann – mit geringen zusätzlichen Höhenmetern, aber zum Teil ansehnlicher Entfernung – z. B. den Großen Jaufen, aber auch den Großen Rosskopf oder den Gamezalpenkopf besteigen. Die Wanderung über die Hochfläche ist aussichtsreich und auch nicht anstrengend, aber zeitraubend.

Talort: Prags, 1218 m. Im Pustertal bis zur Abzweigung ins Pragser Tal zwischen Welsberg und Niederdorf. Durch das Tal nach Prags. Bushaltestelle.
Ausgangspunkt: Gasthof Brückele, 1491 m. Bei der Straßenverzweigung in Prags in Richtung Plätzwiesen. Der Gasthof liegt auf halbem Weg etwas abseits der Fahrstraße. Große Parkplätze.
Aufstiegszeiten: Gasthof Brückele – Untere Rosshütte 1¼ Std., Untere Rosshütte – Obere Rosshütte 1¼ Std., Obere Rosshütte – Kleiner Jaufen ½ Std.; Gesamtzeit 3 Std.
Anforderungen: Gelegentlich steil, doch keine besonderen alpinen Probleme.
Hangrichtung: Meist Südost, Nordost.
Orientierung: Bei guter Sicht problemlos, bei schlechter Sicht auf der Hochfläche schwierig.
Lawinengefährdung: Mitunter lawinengefährdet, insbesondere bei der Querung eines ziemlich steilen Hanges beim Anstieg vom Talschluss zur Unteren Rosshütte. Im Zweifelsfall umkehren!
Günstige Zeit: Januar bis April.
Einkehr: Gasthof Brückele am Ausgangspunkt, hotel-brueckele.it.
Varianten: Großer Jaufen, 2480 m. Knapp 1 Std. vom Kleinen Jaufen. Um den Gamezalpenkopf, 2594 m, oder den Großen Rosskopf, 2559 m, zu besteigen, muss man die Hochfläche queren. Jeweils 2 Std. Nur bei guter Sicht!

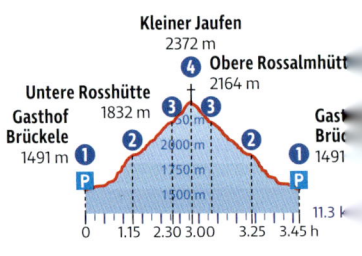

Geringer Höhengewinn beim Zustieg durch das Rosstal.

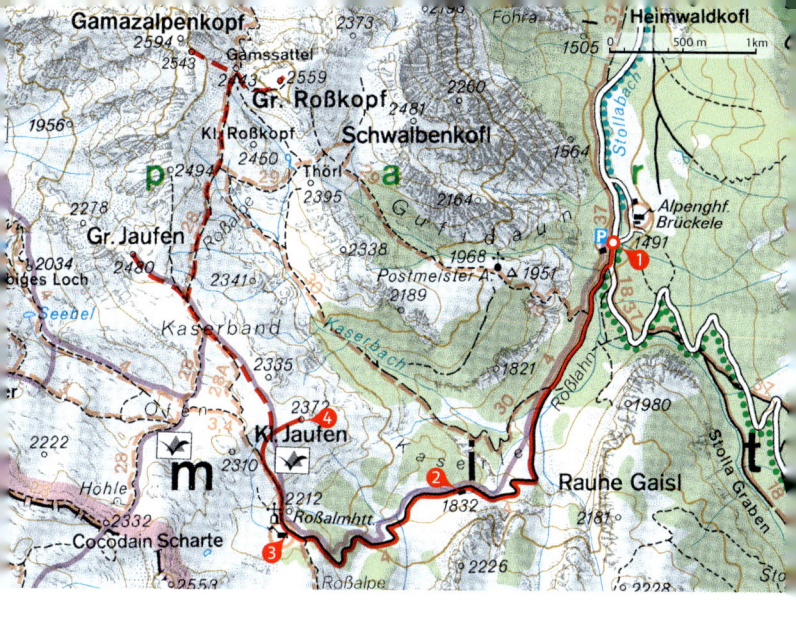

Vom Parkplatz beim **Gasthof Brückele** ❶ kurz neben der Fahrstraße nach Süden bis zur Abzweigung einer Forststraße. Auf dieser Forststraße – zunächst mit geringem Höhengewinn – talein. Noch bevor das Tal nach rechts einbiegt, zweigt man nach links ab. Nach einem ziemlich steilen Hang quert man nach rechts und folgt ungefähr dem Verlauf des Sommerwegs zwischen mehrere Steilstufen hindurch an der **Unteren Rosshütte** ❷, 1832 m, vorbei hinauf auf das Hochplateau zur **Rossalmhütte** ❸, 2164 m. Weiter erst in Richtung Nord, dann nach rechts Richtung Ost abbiegend, unschwierig zum Gipfel des **Kleinen Jaufen** ❹, 2372 m. Ab der Rosshütte ist die Route bei schlechter Sicht nicht leicht zu finden. Das gilt natürlich in noch höherem Maße für die entfernteren Gipfel auf der Hochfläche. Die **Abfahrt** folgt dem Anstiegsweg.

Rote Wand vom Anstieg zum Kleinen Jaufen.

TOP 44 — **Großer Jaufen, 2480 m**

↗ 1000 m | ↘ 1000 m | 9.8 km
4.15 h

Beliebter Skigipfel mit rassiger Abfahrtsvariante zum Pragser Wildsee

Der Große Jaufen wäre eine leichte Skitour, wenn da nicht die enge und steile Rinne wäre. Nach dieser Schlüsselstelle, dem »Nabigen Loch«, geht es völlig unschwierig weiter. Anspruchsvoller und anhaltend steil ist dann die Abfahrt, wenn man nicht über den Aufstiegsweg ins Tal schwingen möchte. Der breite Hang fällt bereits im Aufstieg ins Auge und endet mit einer 30–35 Grad steilen Rinne unweit des Gipfels. Bei sicheren Bedingungen eine Rundtour der Extraklasse.

Talort: Prags, 1218 m. Im Pustertal bis zur Abzweigung der Straße ins Pragser Tal zwischen Welsberg und Niederdorf. Durch das Tal nach Prags (mehrere Ortsteile). Bushaltestelle.
Ausgangspunkt: Hotel Pragser Wildsee, 1494 m. Von der Straßengabelung in Prags nach rechts und auf gut ausgebauter Straße zum Hotel (Sommerbewirtschaftung). Große Parkplätze.
Aufstiegszeiten: Hotel Pragser Wildsee – Nabiges Loch 2 Std., Nabiges Loch – Großer Jaufen 1½ Std.; Gesamtzeit 3½ Std.
Anforderungen: Als Rundtour mittelschwierige Skitour mit kurzer steiler Engstelle im Aufstieg und anhaltend steilem Hang in der Abfahrt.
Hangrichtung: Vorwiegend Südost, Nordwest.
Orientierung: Meistens gespurt. Bei schlechter Sicht nach dem Nabigen Loch schwierig (keine eindeutigen Ori-

Am Tourismus-Hotspot »Pragser Wildsee« ist es im Winter vergleichsweise ruhig.

Gutmütiges Skigelände oberhalb des »Nabigen Lochs«.

entierungshilfen in hügeligem Gelände). In diesem Fall besser umkehren.
Lawinengefährdung: Mitunter lawinengefährdet, insbesondere Schneebrettgefahr im Nabigen Loch nach stärkeren Schneefällen. Für die Direktabfahrt sind sichere Bedingungen Voraussetzung.
Günstige Zeit: Januar bis April.
Einkehr: Hotel Lago di Braies am Ausgangspunkt, geöffnet von Weihnachten bis Anfang März, lagodibraies.com, Tel. +39 0474 748602.

Vom Parkplatz beim **Hotel Pragser Wildsee** ❶ je nach Verhältnissen am westlichen Ufer des Pragser Wildsees oder über den zugefrorenen See zum Südufer. Hier hält man sich etwas links und erreicht in zunehmender Steilheit den Beginn einer engen Rinne, das **»Nabige Loch«** ❷, 2034 m. Das »Nabige Loch« ist die schwierigste Stelle auf dem Weg zum Großen Jaufen,

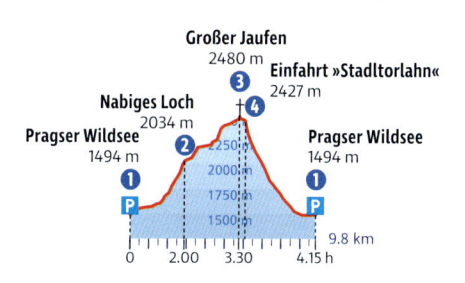

Begeisternde Abfahrt über die »Stadeltorlahn«.

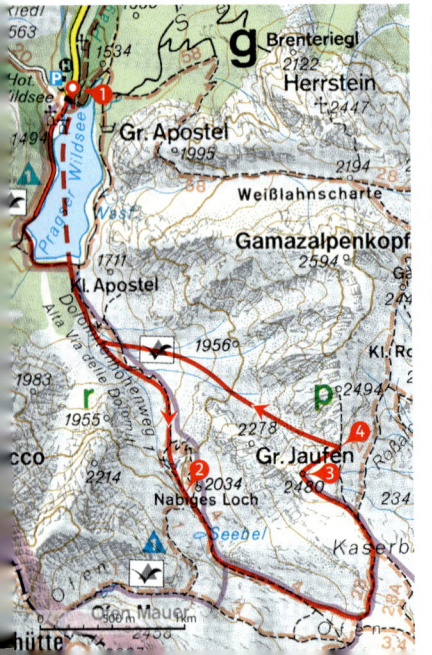

sozusagen die »Schlüsselstelle«. Hat man diese Rinne (bei ungünstigen Bedingungen komfortabler zu Fuß, mit auf den Rucksack geschnallten Skiern) überwunden, erreicht man einen kleinen Bergsee (»Seebel«), bei Schneelage kaum erkennbar. Von hier steigt man durch sanftes Skigelände in einem großen Linksbogen auf und erreicht nach einer Steilstufe die Hochfläche und wenig später den Gipfel des **Großen Jaufen** ❸, 2480 m.

Die **Abfahrt** führt vom Gipfel flach nach Nordosten in eine Scharte, 2427 m. Hier zieht eine anfangs schmale und steile Rinne hinab, die bald breiter wird und in einem perfekten 30 Grad geneigten Skihang direkt zur Aufstiegsroute und zum Pragser Wildsee hinabführt. Alternativ bei heikler Lawinenlage über die Aufstiegsroute.

↗ 1320 m | ↘ 1320 m | 12.7 km

5.45 h

Seekofel, 2810 m — 45

Großartiger Gipfel für gute Skibergsteiger

Der Seekofel ist eine der anspruchsvollsten Skitouren im Bereich der Pragser Dolomiten. Eine Winterbesteigung dieses Gipfels werden daher nur ausdauernde und erfahrene Skibergsteiger genießen können. Dass günstige Verhältnisse und gutes Wetter herrschen sollten, versteht sich von selbst. Dann aber sind Aufstieg auf und Abfahrt von diesem Prachtgipfel eine Unternehmung, die man nicht so schnell vergessen wird.

Talort: Prags, 1218 m. Im Pustertal bis zur Abzweigung der Straße ins Pragser Tal zwischen Welsberg und Niederdorf. Durch das Tal nach Prags (mehrere Ortsteile). Bushaltestelle.

Ausgangspunkt: Hotel Pragser Wildsee, 1494 m. Von der Straßengabelung in Prags nach rechts und auf gut ausgebauter Straße zum Hotel (Sommerbewirtschaftung). Große Parkplätze.

Aufstiegszeiten: Hotel Pragser Wildsee – Nabiges Loch 2 Std., Nabiges Loch – Seekofelhütte 1 Std., Seekofelhütte – Seekofel 1½ Std.; Gesamtzeit 4½ Std.

Anforderungen: Anspruchsvolle Skitour für gute und ausdauernde Skibergsteiger.

Hangrichtung: Vorwiegend Südost bis West.

Orientierung: Für erfahrene Skibergsteiger bei guter Sicht nicht besonders schwierig; wegen der Länge und der alpinen Einlagen bei schlechter Sicht ohnehin abzuraten.

Lawinengefährdung: Abschnittsweise öfter lawinengefährdet, insbesonde-

Im Hintergrund der wenig bekannte Hochalpenkopf.

Ausstieg aus dem »Nabigen Loch«.

re nach Neuschneefall oder stärkeren Schneeverfrachtungen sowie bei Erwärmung im Frühjahr.
Günstige Zeit: Februar bis April.
Einkehr: Hotel Lago di Braies am Ausgangspunkt, geöffnet von Weihnachten bis Anfang März, lagodibraies.com, Tel. +39 0474 748602.

Vom Parkplatz beim **Hotel Pragser Wildsee** ❶ je nach den Verhältnissen am westlichen Ufer oder über den zugefrorenen Pragser Wildsee zum Südufer. Jetzt erst mit Höhengewinn zum Beginn der engen Steilrinne **»Nabiges Loch«** ❷, 2034 m. Nun wird es für einige Zeit erholsamer. Bis zum Seebel, einem kleinen Bergsee, behält man den Aufstieg zum Großen Jaufen bei (siehe Tour 44). Kurz danach zweigt man aber nach rechts ab, erreicht über eine kurze Steilstufe eine Mulde und aus ihr die **Seekofelscharte** ❸, 2388 m. Unterhalb dieser liegt die **Seekofelhütte** (Rifugio Biella), 2327 m (Sommerbewirtschaftung, kein Winterraum). Kurz weiter zum Südostgrat des Seekofels. Mit aufgeschnallten Skiern steil über den Grat (Schwierigkeit im Sommer gering, doch bei entsprechender

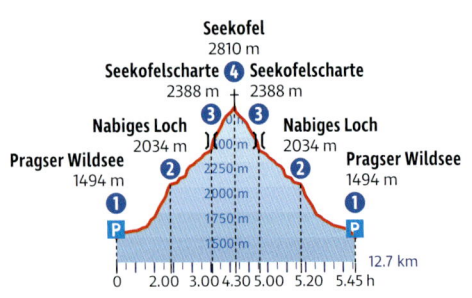

Oben: Seekofel – eindrucksvolle Berggestalt in den Pragser Dolomiten.

Schneelage sind die Seilversicherungen keine Hilfe), dann aber erstaunlich leicht und wieder mit Fellen über den hier nur mehr mäßig steilen Rücken zum Gipfelkreuz des **Seekofels** ❹, 2810 m.
Die **Abfahrt** folgt dem Anstiegsweg.

Anfang und Ende der Tour – Überquerung des zugefrorenen Pragser Wildsees.

↗ 1250 m | ↘ 1250 m | 18.0 km
5.30 h

46 Monte Sella di Sennes, 2787 m

Einblick ins Tourengebiet der Fanis

Die Skitour auf den Monte Sella di Sennes ist zwar ganz schön lang, kann aber bei guter Kondition problemlos als Tagestour durchgeführt werden. Wer es bequem haben will, kann es sich einrichten: Eine Nächtigung in der Senneshütte teilt den Anstieg angenehm auf. Von der Hütte aus kann man eine Reihe weiterer Gipfel besteigen wie die Senneser Karspitze oder gar den Seekofel. Für ein verlängertes Wochenende hat man ganz gewiss genügend zu tun.

Gipfelkreuz auf dem Monte Sella di Sennes. Im Hintergrund Heiligkreuzkofel und Peitlerkofel.

Talort: St. Vigil in Enneberg, 1193 m. Im Pustertal zur Abzweigung von der Umfahrungsstraße ins Gadertal bei St. Lorenzen (östlich von Bruneck). Im Tal nach Zwischenwasser und links abzweigend nach St. Vigil. Bushaltestelle.
Ausgangspunkt: Pederü, 1540 m. Hierher von St. Vigil auf schmaler Bergstraße. Großer Parkplatz.
Aufstiegszeiten: Pederü – Senneshütte 2 Std., Senneshütte – Monte Sella di Sennes 2½ Std.; Gesamtzeit 4½ Std.
Anforderungen: Im ersten Teil unschwierig über eine ehemalige Militärstraße, im zweiten Teil steiler Gipfelhang.
Hangrichtung: Meist Südost bis West.
Orientierung: Bei guter Sicht für erfahrene Tourengeher verhältnismäßig einfach, bei schlechter Sicht ist der Zustieg über die Sennesalpe schwierig zu finden.
Lawinengefährdung: Ab der Senneshütte bei vernünftiger Spurwahl kaum lawinengefährdet. Vorsicht ist in der Schlucht am Beginn des Anstiegs nach stärkeren Schneefällen und Tageserwärmung geboten.

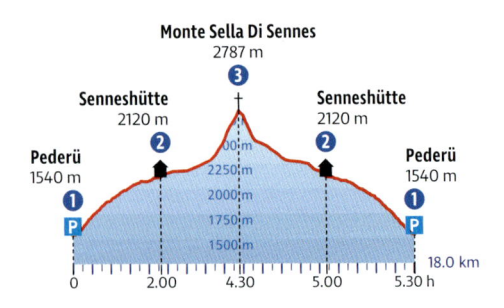

Günstige Zeit: Januar bis März.
Einkehr: Senneshütte, 2120 m, privat, Tel. +39 0474 646355, sennes.com. Nicht durchgehend geöffnet. Berggasthaus Pederü, 1545 m, privat, 24 Betten, Tel. +39 0474 834316, pederue.it.

Vom großen Parkplatz in **Pederü** ❶ wandert man auf einem alten Militärweg zuerst durch eine Schlucht und erreicht dann links haltend die **Senneshütte** ❷. Von hier quert man Richtung Westnordwest über eine Hochfläche, was bei schlechter Sicht heikel sein kann. Kurz, aber nun steiler, geht es zum Südrücken unseres Gipfels hinauf. Über diesen Rücken bzw. über den großen Steilhang daneben (nur bei ganz sicheren Verhältnissen) erreicht man schließlich von links her den **Gipfel** ❸, 2787 m. Oder: Man hält sich schon von der Hütte weg etwas weiter rechts und erreicht den Gipfel ziemlich steil von Osten her.

Die **Abfahrt** folgt dem Anstiegsweg. Alternativ kann man auch vom Gipfel nach Osten über Punkt 2590 m zur Aufstiegsroute abfahren.

Der Gipfel des Monte Sella di Sennes ist bereits in Sicht.

↗ 1000 m | ↘ 1000 m | 9.7 km
3.45 h

47 Äußere Eisengabelspitze, 2534 m

Auf den »Hausberg« von Pederü

Die Äußere Eisengabelspitze ist eine typische Dolomitentour. Steil, teilweise eng zwischen Felsen hindurch, mit leichter Kletterei auf den letzten Metern zum Gipfel und herrlichem Blick zu weiteren Gipfeln.

Talort: St. Vigil in Enneberg, 1193 m. Im Pustertal zur Abzweigung ins Gadertal bei St. Lorenzen (östlich von Bruneck). Über Zwischenwasser nach St. Vigil.
Ausgangspunkt: Pederü, 1540 m. Von St. Vigil auf schmaler Bergstraße. Großer Parkplatz.
Aufstiegszeiten: Pederü – Trichter 1½ Std., Trichter – Äußere Eisengabelspitze 1½ Std.; Gesamtzeit 3 Std.
Anforderungen: Ziemlich steile Skitour, gute Skitechnik erforderlich; ab Skidepot unschwierige Kletterei.
Hangrichtung: Vorwiegend Süd, Südost.
Orientierung: Bei guter Sicht für erfahrene Tourengeher einfach.
Lawinengefährdung: Mitunter lawinengefährdet.
Günstige Zeit: Februar bis April.
Einkehr: Berggasthaus Pederü, 1545 m, privat, Tel. +39 0474 834316, pederue. it. Faneshütte, 2060 m, privat, bewirtschaftet Weihnachten bis Mitte April, 77 Schlafplätze, Tel. +39 0474 453001, rifugiofanes.com. Lavarellahütte, 2042 m, 45 Schlafplätze, bewirtschaftet Mitte Januar bis Mitte April, Tel. +39 0474 501094, lavarella.it. Beide Hütten bieten Gepäck- und Personentransport. Aufstieg in Ratracspur, 2 Std. von Pederü.
Variante: Aufstieg von der Fanes- oder Lavarellahütte. 2 Std. Sehr steil! Mit Abfahrt nach Pederü empfehlenswert für den letzten Tag eines Hüttenaufenthaltes.

Hohe Gaisl vom obersten Teil des Anstiegs.

Zu den Hütten auf der **Klein Fanes Alm** führt eine breit ausgewalzte Ratracspur. Man verfolgt sie bis zum Scheitelpunkt der Straße kurz vor einem Flachstück. Hier nach rechts abzweigen. Zunächst fast eben, dann aber ziemlich steil durch den **»Trichter«** ❷, ein schluchtartig eingeschnittenes Tälchen. Nach dieser Steilstufe gemütlicher weiter zu einer **Einsattelung** ❸, 2340 m, zwischen Innerer und Äußerer Eisengabelspitze. Nach rechts über den Rücken und möglichst hoch mit Skiern aufsteigen. Dicht unter einem felsigen Vorgipfel errichten wir das Skidepot. Über unschwierige Felsen zum **Hauptgipfel** ❹, 2534 m.

Oder: zu einer Schulter nordöstlich des Gipfels aufsteigen. Skidepot. Auch in diesem Fall unschwierig über den Grat zum Gipfel.

Die **Abfahrt** folgt dem Anstiegsweg.

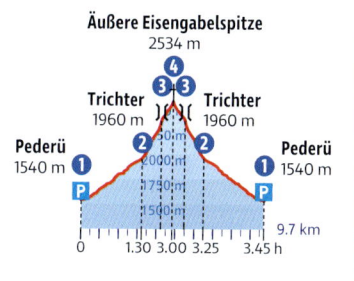

Kurz vor dem Gipfel. Im Mittelgrund die St. Antoni Spitze, darüber die dunkle Neunerspitze.

↗ 1250 m | ↘ 1250 m | 18.6 km

48 Col Becchei di Sopra (Pareispitze), 2794 m

5.20 h

Firnabfahrt in großartiger Dolomitenlandschaft

Der Col Becchei di Sopra ist durch seine vorgeschobene und abgesetzte Lage ein herrlicher Aussichtsberg, von dem aus man viele Anstiege im Tourengebiet der Klein Fanes Alm studieren kann. Bei gutem Firn ist die Abfahrt ein Hochgenuss für sichere und standfeste Skifahrer. Gipfelsammler können vom Limojoch in ¼ Std. eine nahe Kuppe ersteigen. Sie eignet sich auch als kurzes Ziel nach dem Hüttenanstieg, weil sich schon hier ein Überblick über die Tourenmöglichkeiten bietet.

Talort: St. Vigil in Enneberg, 1193 m. Im Pustertal zur Abzweigung ins Gadertal bei St. Lorenzen (östlich von Bruneck). Über Zwischenwasser nach St. Vigil.
Ausgangspunkt: Pederü, 1540 m. Hierher von St. Vigil auf schmaler Bergstraße. Großer Parkplatz.
Aufstiegszeiten: Pederü – Klein Fanes Alm 2 Std., Klein Fanes Alm – Limojoch ¼ Std., Limojoch – Col Becchei di Sopra 2 Std.; Gesamtzeit 4¼ Std.
Anforderungen: Mittelschwere Skitour ohne besondere alpine Schwierigkeiten, wenn man vom ziemlich steilen Gipfelhang absieht, der im Aufstieg und in der Abfahrt eine gute Skitechnik erfordert.
Hangrichtung: Meist Süd, Südwest.
Orientierung: Viel begangene Skitour, bei fehlenden Spuren Orientierung nicht ganz einfach.
Lawinengefährdung: Mitunter lawinengefährdet, insbesondere nach starker Erwärmung, im obersten Bereich auch nach stärkeren Schneefällen mit Windverfrachtung.
Günstige Zeit: Januar bis April.
Stützpunkt: Berggasthaus Pederü, 1545 m, privat, Tel. +39 0474 834316, pederue.it. Faneshütte, 2060 m, privat, bewirtschaftet Weihnachten bis Mitte April, 77 Schlafplätze, Tel. +39 0474 453001, rifugiofanes.com. Lavarellahütte, 2042 m, 45 Schlafplätze, bewirtschaftet Mitte Januar bis Mitte April, Tel. +39 0474 501094, lavarella.it. Beide Hütten bieten Gepäck- und Personentransport. Aufstieg in Ratracspur, 2 Std. von Pederü.

In breiter Ratracspur von **Pederü** ❶ zur **Klein Fanes Alm** ❷, 2060 m, mit ihren beiden Schutzhütten. Weiter auf einer meist gut ausgetretenen Spur (un-

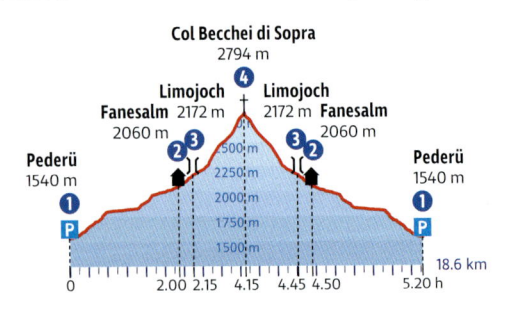

Am Limojoch öffnet sich der Blick zu den Cime di Furcia Rossa.

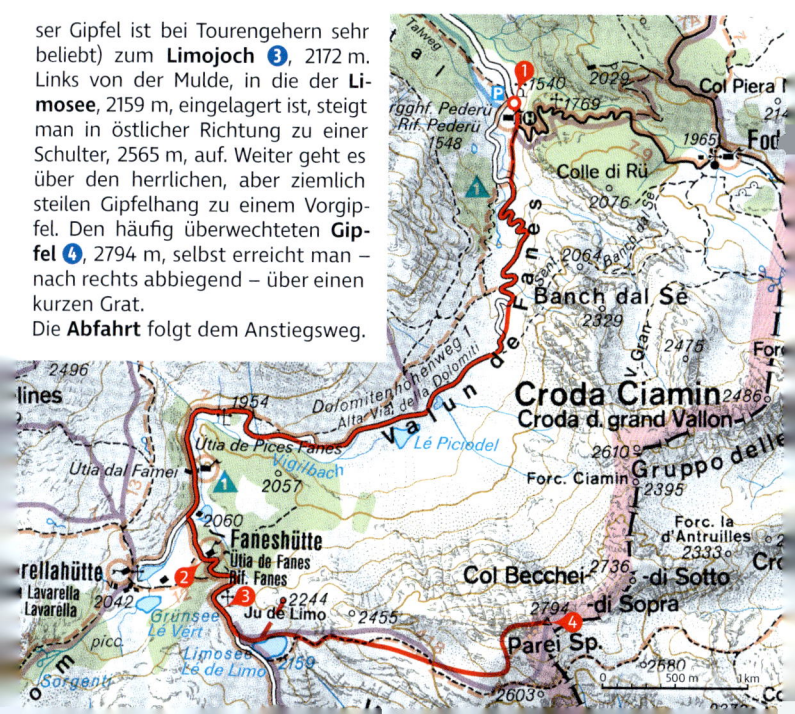

ser Gipfel ist bei Tourengehern sehr beliebt) zum **Limojoch** ❸, 2172 m. Links von der Mulde, in die der **Limosee**, 2159 m, eingelagert ist, steigt man in östlicher Richtung zu einer Schulter, 2565 m, auf. Weiter geht es über den herrlichen, aber ziemlich steilen Gipfelhang zu einem Vorgipfel. Den häufig überwechteten **Gipfel** ❹, 2794 m, selbst erreicht man – nach rechts abbiegend – über einen kurzen Grat.

Die **Abfahrt** folgt dem Anstiegsweg.

TOP 49

Zehnerspitze, 3026 m

↗ 1500 m | ↘ 1500 m | 20.7 km
7.00 h

Skitour & Klettersteig – ein Erlebnis besonderer Art!

Die Abfahrt von der Zehnerspitze ist eigentlich nur auf den obersten 400 Höhenmetern skifahrerisch lohnend. Der Genuss liegt ansonsten beim Aufstieg durch eine wirklich großartige Dolomitenlandschaft. Zum Abschluss ist die Skitour mit einem kurzen Klettersteig zum felsigen Gipfelkamm gewürzt. Der (leichte und kurze) Klettersteig ist sonnseitig gelegen, apert rasch aus und bereitet einem erfahrenen Skibergsteiger dann keine Probleme, nur viel Spaß! Ja, Skitour und Klettersteig auf einen Dolomiten-Dreitausender, das ist doch tatsächlich ein Erlebnis der ganz besonderen Art. Gipfelsammler können mit etwa 300 Höhenmetern zusätzlich übrigens auch den Heiligkreuzkofel ersteigen, durch dessen senkreche Westwand bekannte Kletterrouten führen.

Talort: St. Vigil in Enneberg, 1193 m. Im Pustertal zur Abzweigung von der Umfahrungsstraße ins Gadertal bei St. Lorenzen (östlich von Bruneck). Im Tal nach Zwischenwasser und links abzweigend nach St. Vigil. Bushaltestelle.
Ausgangspunkt: Pederü, 1540 m. Hierher von St. Vigil auf schmaler Bergstraße. Großer Parkplatz.
Aufstiegszeiten: Pederü – Klein Fanes Alm 2 Std., Klein Fanes Alm – Ciastel de Fanes 2 Std., Ciastel de Fanes – Skidepot 1 Std., Skidepot – Zehnerspitze ½ Std.; Gesamtzeit 5½ Std. (ab Hütte 3½ Std.)
Anforderungen: Skitechnisch leicht; der Klettersteig bietet bei günstigen Verhältnissen keine besonderen Schwierigkeiten, kann allerdings bei Schneelage oder Vereisung unangenehm sein.
Hangrichtung: Ab Klein Fanes vor-

Wie ein felsiger Hahnenkamm verläuft der Gipfelkamm der Zehnerspitze über dem breiten Osthang.

Das riesige Gipfelkreuz täuscht während des Aufstiegs eine geringere Entfernung vor.

wiegend Süd und Südost.
Orientierung: Von Klein Fanes bis zum Einstieg des Klettersteiges sehr unübersichtliches Gelände, gute Sicht oder Arbeit mit Bussole und Höhenmesser erforderlich.
Lawinengefährdung: Bei vernünftiger Wahl der Aufstiegs- und Abfahrtsspur kaum lawinengefährdet.
Günstige Zeit: Dezember bis April.
Einkehr: Berggasthaus Pederü, 1545 m, privat, Tel. +39 0474 834316, pederue.it. Faneshütte, 2060 m, privat, bewirtschaftet Weihnachten bis Mitte April, 77 Schlafplätze, Tel. +39 0474 453001, rifugiofanes.com. Lavarellahütte, 2042 m, 45 Schlafplätze, bewirtschaftet Mitte Januar bis Mitte April, Tel. +39 0474 501094, lavarella.it.
Beide Hütten bieten Gepäck- und Personentransport. Aufstieg in Ratracspur, 2 Std. von Pederü.
Variante: Am Fuß des Gipfelhangs weit nach Südwesten querend, gelangt man über dessen Südrücken auf den Heiligkreuzkofel.

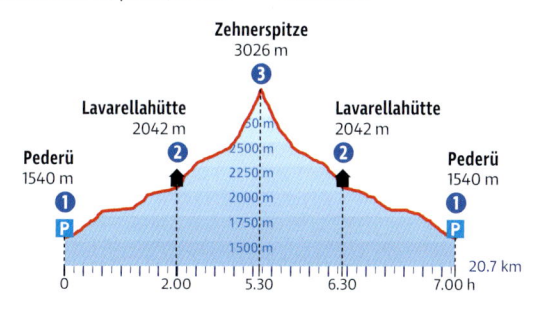

Kurze, drahtseilversicherte Kraxelei zum Gipfel.

Vom großen Parkplatz in **Pederü** ❶ auf einer meist breit ausgewalzten Ratracspur ohne alle Orientierungsschwierigkeiten in knapp 2 Std. zur **Klein Fanes Alm**, 2060 m. Hier finden wir zwei bewirtschaftete Stützpunkte, die große private Faneshütte, 2060 m, und die gleichfalls private **Lavarellahütte** ❷, 2042 m. Von einer der beiden Hütten (von der Lavarellahütte ist es etwas näher) steigt man in nördlicher Richtung in eine große Mulde auf. In einigem Auf und Ab überschreitet man die Hochfläche in Richtung Nordwest, wandert unterhalb des Ciastel de Fanes (»Fanesschloss«) vorbei zu einem breiten Osthang und über diesen zu einer Einsattelung am Fuße der Zehnerspitze. Skidepot. Der Klettersteig, der nur anfangs etwas steil ist, führt erst auf einer Kante, dann in einer Rinne zum riesigen Holzkreuz auf dem **Gipfel** ❸, 3026 m. Die Zehnerspitze ist ein Dolomiten-Dreitausender, die Aussicht entsprechend umfassend!
Die **Abfahrt** erfolgt auf dem Anstiegsweg.

Oben: Prachtvolle Aussicht vom Zehner, hier zu den Tofanen, hinten Mitte der Monte Pelmo.
Unten rechts: Auf dem Weg zur Zehnerspitze. Im Mittelgrund das Fanesschloss, im Hintergrund der Col Becchei di Sopra.

50 Sankt Antoni Spitze, 2655 m

↗ 1130 m | ↘ 1130 m | 13.3 km
4.30 h

Kurzes, aber steiles Skivergnügen

Was dem einen Tourengeher seine »Sankt Antoni Spitze«, ist dem anderen sein »Monte Sella di Fanes« und dem dritten die »Fanessattelspitze«. Ja, mit verschiedenen Namen muss man rechnen, wenn man in einem Gebiet unterwegs ist, in dem verschiedene Kulturen eng benachbart leben – die ladinische, die italienische und die deutsche. Der Gipfel ist in jedem Falle eine Besteigung wert, nicht zuletzt wegen der Abfahrt über eine hindernislose Steilflanke.

Talort: St. Vigil in Enneberg, 1193 m. Im Pustertal zur Abzweigung ins Gadertal bei St. Lorenzen (östlich von Bruneck). Über Zwischenwasser nach St. Vigil.
Ausgangspunkt: Pederü, 1540 m. Von St. Vigil auf schmaler Bergstraße. Großer Parkplatz.
Aufstiegszeiten: Pederü – Abzw. vom Hüttenanstieg 1¾ Std., Abzw. vom Hüttenanstieg – St. Antoni Joch 1¼ Std., St. Antoni Joch – Gipfel ½ Std.; Gesamtzeit 3½ Std.
Anforderungen: Skitechnisch schwierig, doch bietet die steile Abfahrt viele Varianten an, über die sich schwächere Skifahrer das Leben erleichtern können.
Hangrichtung: Vorwiegend Süd.
Orientierung: Viel begangene Skitour, bei guter Sicht auch ohne Spuren problemlos.
Lawinengefährdung: Mitunter lawinengefährdet, wegen der Tageserwärmung auf rechtzeitige Abfahrt achten.
Günstige Zeit: Dezember bis April.
Einkehr: Einkehr: Berggasthaus Pederü, 1545 m, privat, Tel. +39 0474 834316, pederue.it. Faneshütte, 2060 m, privat, bewirtschaftet Weihnachten bis Mitte April, 77 Schlafplätze, Tel. +39 0474 453001, rifugiofanes.com. Lavarellahütte, 2042 m, 45 Schlafplätze, bewirtschaftet Mitte Januar bis Mitte April, Tel. +39 0474 501094, lavarella.it. Beide Hütten bieten Gepäck- und Personentransport. Aufstieg in Ratracspur, 2 Std. von Pederü.

Aufbruch von der Faneshütte. Im Mittelgrund Fanesalm, hinten La Varella.

Von **Pederü** ❶ auf dem mit dem Ratrac gespurten Hüttenanstieg bis zur Abzweigung des Hochtales ❷ in einer Linkskurve. Hier biegt man nach rechts ab und steigt durch das Tal, dann über einen kurzen Steilhang zum **St. Antoni Joch** ❸, 2466 m, auf. Der nun folgende Rücken (Südwestrücken) ist zwar steil, führt aber ohne besondere Schwierigkeiten zum **Gipfel** ❹, 2655 m.

Bei der **Abfahrt** ins Hochtal fährt man nicht auf dem Anstiegsweg zum Sattel zurück, sondern sucht sich die einem am schönsten erscheinende Möglichkeit, über den prachtvollen Steilhang ins Hochtal abzufahren. Weiter dann auf dem Anstiegsweg.

Im Gipfelhang mit Blick zum Neuner.

↗ 800 m | ↘ 800 m | 7.2 km
3.00 h

51 Col Costac, 2199 m

Geeignet für den ersten Überblick am Ankunftstag

Wer Campill nicht kennt, hat als Tourengeher etwas versäumt und sollte dieses reizvolle Bergdorf zumindest für ein Wochenende besuchen. Die meisten Skitouren bietet das Zwischenkofeltal – kurze und gemütliche wie den Zwischenkofel und den Zwölfer, schwierige wie die Kapuzinerspitze, lange und anspruchsvolle wie Muntejela, Puezkofel, Westliche und Östliche Puezspitze. Als kurze Skitour am Anreisetag empfiehlt sich ein Aufstieg zum Col Costac mit einem prachtvollen Blick zu den Dolomitengipfeln rundum. Der zusätzliche Vorteil der unbedeutenden Kuppe liegt darin, dass man einen ausgezeichneten Einblick in das Tourengebiet von Campill gewinnt und sich überlegen kann, welche Gipfel man in den nächsten Tagen ersteigen möchte.

Talort: St. Martin in Thurn, 1127 m. Im Pustertal zur Abzweigung von der Umfahrungsstraße ins Gadertal bei St. Lorenzen (östlich von Bruneck). Im Tal bis Piccolein. Kurz danach rechts abzweigend nach St. Martin. Bushaltestelle.

Durch die Lärchen können wir den Peitlerkofel erkennen.

Ausgangspunkt: Campill, 1398 m. Noch vor St. Martin links, durch das Campilltal zum Bergdorf. Parkplätze im Dorf, Bushaltestelle.

Aufstiegszeiten: Campill – Vigo ½ Std., Vigo – Gömmajoch 1½ Std., Gömmajoch – Col Costac ¼ Std.; Gesamtzeit 2¼ Std.

Anforderungen: Leichte Skitour, auch für Anfänger geeignet.

Hangrichtung: Vorwiegend Südost.

Orientierung: Problemlos, für erfahrene Tourengeher auch bei weniger guter Sicht leicht zu finden.

Lawinengefährdung: Bei vernünftiger Spurwahl kaum lawinengefährdet, daher auch geeignetes Ausweichziel bei ungünstigen Wetter- und Schneeverhältnissen.

Günstige Zeit: Dezember bis Mitte Februar.

Einkehr: Restaurants und Gasthöfe n Campill.

Vom Dorfzentrum **Campill** ❶ Richtung Nord über die Wiesen, neben einem Fahrsträßchen und die Kehren abschneidend, zum Weiler **Vigo** ❷, 1576 m. Sind die Bauernwiesen wegen der sonnseitigen Lage be-

Aufstieg zum Col Costac oberhalb von Campill.

reits ausgeapert, kann man bis hierher auch mit dem Auto fahren und kurz nach den letzten Häusern parken. Weiter über die Wiesen zunächst in Richtung Nordwest, bald aber Richtung Nord einbiegend auf eine Einsattelung (Gömmajoch), 2111 m, zu. Beim Aufstieg eindrucksvoller Blick nach Westen zum Großen Peitlerkofel, einem mächtigen Felsklotz. Kaum zu glauben, dass man diesen Gipfel bei günstigen Verhältnissen auch im Rahmen einer Skitour besteigen kann (siehe Variante Tour 56).

Bereits unterhalb des Gömmajochs hält man sich rechts und steigt zum Gipfel des **Col Costac** ❸, 2199 m, auf, den man zuletzt von links her erreicht. Die **Abfahrt** folgt dem Anstiegsweg.

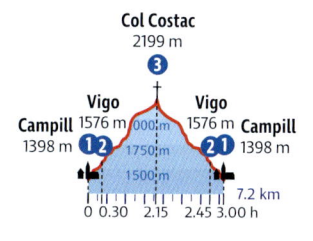

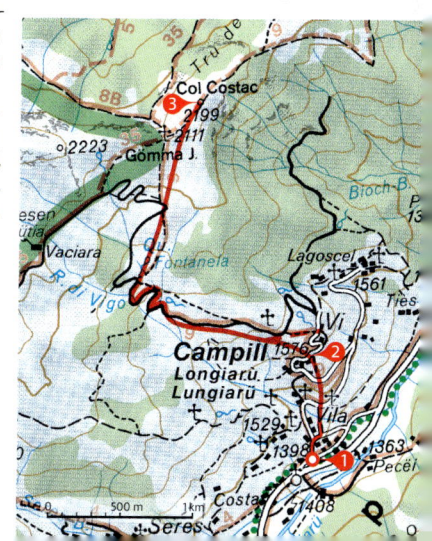

↗ 900 m | ↘ 900 m | 10.5 km
3.30 h

52 Zwölferkofel, 2384 m

Genussvolle Skitour im Zwischenkofeltal

Der Zwölferkofel ist eine hübsche und leichte Skitour, die sich auch für Anfänger eignet. Eine Besonderheit: Nicht selten findet man im oberen Teil bereits Firn und im unteren Teil noch Pulver vor. Gipfelsammler werden es nicht versäumen, mit geringem zusätzlichem Zeitaufwand (½ Std.) auch den Zwischenkofel »mitzunehmen«. Bei besonders gutem Firn fährt man am besten zur Zwischenkofelalm ab und steigt stärker links haltend ein zweites Mal auf, diesmal zum Zwischenkofel (1½ Std.).

Talort: St. Martin in Thurn, 1127 m (siehe Tour 51).
Ausgangspunkt: Parkplatz Munt Cörta, 1493 m. Noch vor St. Martin links ins Campilltal und durch den Ort hindurch, an einer Straßengabelung links zum Parkplatz am Ende der befahrbaren Straße.
Aufstiegszeiten: Parkplatz – Zwischenkofelalm 1½ Std., Zwischenkofelalm – Zwölferkofel 1¼ Std.; Gesamtzeit 2¾ Std.

Anforderungen: Unschwierige Skitour über sanfte und höchstens mittelsteile Almwiesen. Auch der schüttere Wald im unteren Teil ist skifreundlich und bietet keine Probleme.
Hangrichtung: Meist Südost, Nordost.
Orientierung: Bei guter Sicht problemlos. Bei schlechter Sicht im oberen Teil (ab der Zwischenkofelalm) wenig Anhaltspunkte für die Orientierung.

Der Sonne entgegen, kurz vor der Zwischenkofelalm.

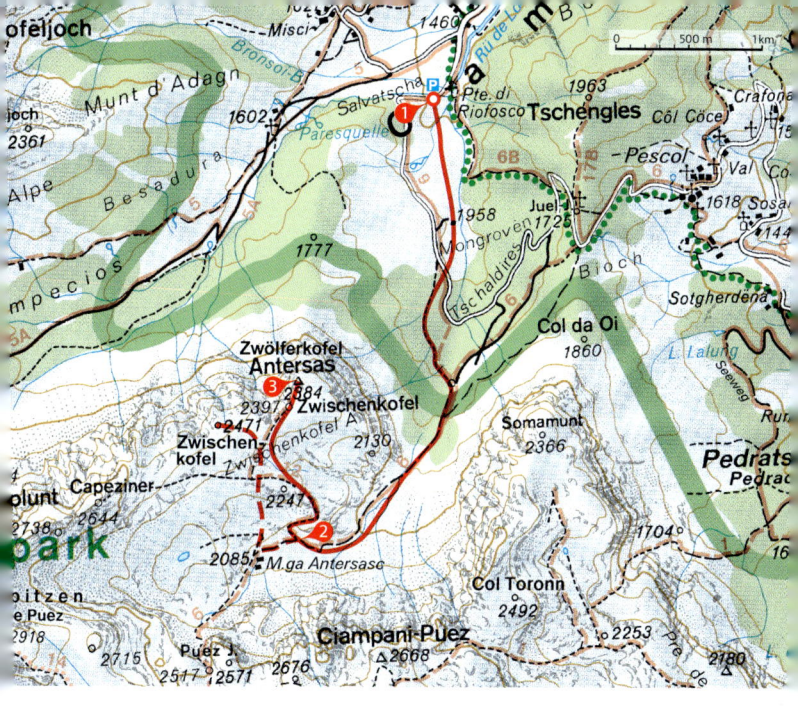

Lawinengefährdung: Mitunter lawinengefährdet, eine überlegte Routenwahl umgeht die meisten Gefahrenstellen.
Günstige Zeit: Dezember bis April.

Variante: Zwischenkofel, 2471 m. Etwas höherer westlicher Nachbar des Zwölferkofels. In manchen Karten mit diesem vertauscht.

Vom Parkplatz **Munt Cörta** ❶ über eine Wiese, dann durch lichten Wald in Richtung **Zwischenkofelalm** (Malga Antersasc), 2085 m. Bereits etwas unterhalb der Almhütten biegt man nach rechts ab ❷. Über Kuppen und durch Mulden steigt man in Richtung Nord zu einem breiten Sattel auf. Bereits unterhalb des Sattels hält man sich rechts und erreicht ohne Schwierigkeiten den höchsten Punkt des **Zwischenkofel** ❸, 2384 m.

Die Abfahrt folgt dem Anstiegsweg. Das weitläufige Gelände oberhalb der Zwischenkofelalm bietet zahlreiche Möglichkeiten, auch noch längere Zeit nach einem Schneefall unverspurtes Gelände zu befahren.

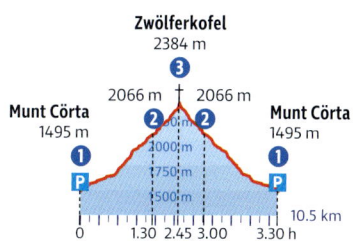

↗ 1100 m | ↘ 1100 m | 12.9 km

4.20 h

53 Roa-Scharte, 2617 m

Schattiges Kar unter den Geislerspitzen

Wandert man durch das Campilltal in den Talschluss durchschreitet man eine Dolomitenlandschaft wie aus dem Bilderbuch. Beim anfangs gemächlichen Anstieg bleibt viel Zeit zum Schauen und Staunen und man fragt sich unweigerlich, was man mit seinen Tourenski hier in dieser wilden Felsszenerie der Geislergruppe zu suchen hat. Auf den ersten Blick scheint es kein »Entkommen« aus dem felsumrahmten Kessel zu geben und ein skitaugliches Tourenziel ist nicht in Sicht. Irgendwann öffnet sich dann aber doch eine Lücke zwischen den Felsgestalten und eine überraschend komfortable, nur kurz um die 35 Grad steile Rinne führt hinauf in die Roa-Scharte, die auch als Übergang ins Grödnertal dient.

Talort: St. Martin in Thurn, 1127 m. Im Pustertal zur Abzweigung ins Gadertal bei St. Lorenzen (östlich von Bruneck). Über Piccolein nach St. Martin (Bushaltestelle).
Ausgangspunkt: Parkplatz Pares am Eingang zum Naturpark »Puez – Geisler«, 1536 m. Von St. Martin durch das Campilltal in das Bergdorf, 1398 m. Auf einem Fahrsträßchen Richtung Seres, noch im Talgrund nach links zum Parkplatz.
Aufstiegszeiten: Parkplatz – Abzweig von der Rodelbahn 1¼ Std., Rodelbahn-Abzweig – Roascharte 2¼ Std.; Gesamtzeit 3½ Std.
Anforderungen: Die letzten 200 Hm in die Roascharte sind 30–35 Grad steil und erfordern eine gute Spitzkehrentechnik – bei Hartschnee besteht hier Abrutschgefahr, allerdings läuft der Hang flach nach unten aus.
Hangrichtung: Nord und Nordost.
Orientierung: Unschwierig, wenn man den Abzweig von der Rodelbahn nicht verpasst. Die steilere Scharte im Talschluss geradeaus ist die Wasserscharte.
Lawinengefährdung: Nach Neuschneefällen oder Windverfrachtungen im Talschluss lawinengefährdet.
Günstige Zeit: Februar bis April.
Variante: Wasserscharte, 2642 m, im Talschluss geradeaus nach Westen in die deutlich steilere und engere Scharte (Schwierigkeit schwarz).

Vom Parkplatz **Pares** ❶ folgt man im Talboden der Fahrstraße Richtung **Medalgesalm** (Rodelbahn) in moderater Steigung etwa 3 Kilometer talein-

Die letzten Meter aus dem schattigen Nordhang in die sonnige Roa-Scharte.

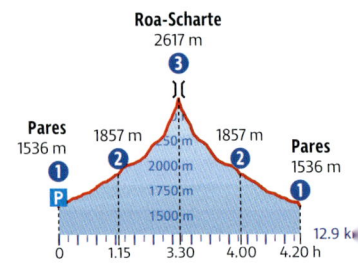

Die Sonne spitzt über unsere Scharte.

wärts. Dort, wo die Straße nach rechts abbiegt ❷ und über den Südhang hinaufführt, verlassen wir sie und streben geradeaus weiter dem Talschluss entgegen. Vorerst bleibt die Steigung moderat, ab etwa 2100 m aber geht's dann deutlich zügiger bergauf. Nun wird auch die Rinne hinauf zur Roascharte auf der linken Seite sichtbar, die relativ breit in die Felsmauer eingeschnitten ist. Auf den letzten 200 Hm sind dann zahlreiche Spitzkehren erforderlich, um das **Joch** ❸ zu erreichen.
Abfahrt wie Aufstieg.

↗ 960 m | ↘ 960 m | 11.3 km
3.40 h

54 Sobutsch, 2486 m

Genussreicher Skigipfel zwischen Peitlerkofel und Furchetta

Manche Skitouren im Hochtal von Campill sind ganz schön anspruchsvoll, der Peitlerkofel etwa oder die Skiziele, die über das Puezjoch erreicht werden. Unser Gipfel gehört zu den leichten und genussreichen Aufstiegen im Tourengebiet. Durch die Lage zwischen zwei Untergruppen der Dolomiten mit ungleich höheren Gipfeln (Peitlerkofelgruppe im Norden, Geisler- und Puezgruppe im Süden), ist die Aussicht ein wenig eingeschränkt, dennoch aber großartig. Man kann sich kaum ein schöneres Rast- und Schauplätzchen vorstellen als diesen Gipfel, oder – wenn es dort unangenehm zieht – die Furciaalm nahe dem Kreuzjoch.

Talort: St. Martin in Thurn, 1127 m. Im Pustertal zur Abzweigung ins Gadertal bei St. Lorenzen (östlich von Bruneck). Über Piccolein nach St. Martin. Bushaltestelle.
Ausgangspunkt: Parkplatz am Eingang zum Naturpark »Puez – Geisler«, 1536 m. Von St. Martin durch das Campilltal in das Bergdorf, 1398 m. Auf einem Fahrsträßchen Richtung Seres, dann nach links und auf einer Forststraße zum Parkplatz.

Aufstiegszeiten: Parkplatz – Kreuzjoch 2½ Std., Kreuzjoch – Sobutsch ½ Std.; Gesamtzeit 3 Std.
Anforderungen: Leichte Skitour, auch für schwächere Skifahrer geeignet.
Hangrichtung: Vorwiegend Süd, Südost.
Orientierung: Bei einigermaßen guter Sicht sehr einfach.
Lawinengefährdung: Bei vernünftiger Wahl der Aufstiegs- und Abfahrtsspur kaum lawinengefährdet.
Günstige Zeit: Dezember bis April.

Herrliche Abfahrtshänge unterhalb des Kreuzjochs – gegenüber sieht man die Roa-Scharte.

Vom **Parkplatz** ❶ mit mäßigem Höhengewinn kurz talein zur **Paresalm**, 1602 m. Wenig später verlässt man das Fahrsträßchen nach rechts und folgt ungefähr dem Sommerweg durch den Wald in freies Skigelände. Im Anstiegssinne links von einem Bachtälchen (rechts die viel steilere Südostflanke unseres Gipfels) steigen wir zum **Kreuzjoch** ❷, 2293 m, auf. Man kann sich den Aufstieg wegmäßig etwas verkürzen, indem man sich bereits unterhalb der Scharte weiter rechts hält und über die **Furciaalm** (Furkelalm), 2293 m, einen Vorgipfel (Medalges), 2454 m, erreicht. Über den unschwierigen Gratrücken weiter zum höchsten Punkt des **Sobutsch** ❸, 2486 m.

Die **Abfahrt** folgt dem Anstiegsweg. Bei sicheren Schneeverhältnissen, insbesondere bei Firn nach einer kalten Nacht, kann man den weiten Bogen abkürzen und unmittelbar über die breite Südostflanke zum Anstiegsweg abfahren.

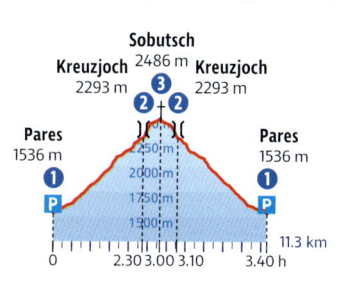

↗ 900 m | ↘ 900 m | 11.9 km
4.15 h

55 Zendleser Kofel, 2422 m

Aussichtsreiche Skiwanderung mit Postkartenambiente

Der Zendleserkofel ist ein beliebter Aussichtsgipfel, der vis á vis der imposanten Geislerspitzen aufragt und vor allem vom Villnösstal aus bestiegen wird. Der Aufstieg von Osten aus dem Campilltal ist dabei nicht weniger reizvoll und bei gut gesetztem Pulverschnee oder Firn kann man auf den flachen Hänge unbeschwert dahinschwingen und gleichzeitig die fantastische Landschaft genießen.

Talort: St. Martin in Thurn, 1127 m. Im Pustertal zur Abzweigung ins Gadertal bei St. Lorenzen (östlich von Bruneck). Über Piccolein nach St. Martin (Bushaltestelle).

Ausgangspunkt: Parkplatz Pares am Eingang zum Naturpark »Puez – Geisler«, 1536 m. Von St. Martin durch das Campilltal in das Bergdorf, 1398 m. Auf einem Fahrsträßchen Richtung Seres und noch im Talgrund nach links zum Parkplatz.

Aufstiegszeiten: Parkplatz – Wegverzweigung im Mühlental 1 Std., Wegverzweigung – Zendleserkofel 2½ Std.

Anforderungen: Überwiegend flache bis mäßig steile Fahrwege und flache, hindernislose Almwiesen.

Hangrichtung: Nord und Nordost.

Orientierung: Selbst bei guter Sicht ist etwas Orientierungsvermögen erforderlich, da auf den weitläufigen Wiesen mehrmals Spuren zu anderen Zielen abzweigen können, von denen man sich nicht verleiten lassen darf. Bei schlechter Sicht besser meiden oder die schwierigere, aber leichter zu findende Variante wählen.

Lawinengefährdung: Nach stärkeren Neuschneefällen oder bei Nassschneelawinengefahr befindet man sich an einigen Stellen im Mühlental und bei der oberen Querung des Grabens im Einzugsbereich lawinengefährdeter Hänge.

Günstige Zeit: Januar bis März.

Variante: Eine anspruchsvollere aber kürzere Variante führt am Ende des Mühlentals auf einem Ziehweg links in die Schlucht und durch steilen Wald nach Westen hinauf zu flachen Almböden über die man direkt zum Gipfel aufsteigen kann (Schwierigkeit rot).

Vom Parkplatz **Pares** ❶ noch ein Stück entlang der Straße aufwärts bis zur Kehre vor dem Weiler Misci. Rechts des Seresbachs folgt man nun einem

Vor den Geislerspitzen nimmt sich der Zendleserkofel klein aus.

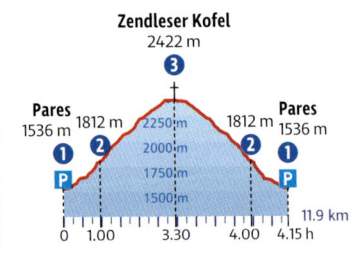

Der breite Gipfelrücken des Zendleserkofels vor dem Heiligkreuzkofel.

Fahrweg hinein in das immer enger werdende Mühlental. Auf einer Höhe von etwa 1800 m gabelt sich der Fahrweg. Hier verlassen wir den tiefen Graben entlang des Fahrwegs nach rechts ❷ und erreichen so die flachen, südseitigen Almwiesen mit zahlreichen Heustadeln, über die wir nach links bis unter die steile Südflanke des Peitlerkofels wandern. Hier quert man nur noch leicht ansteigend nach Westen wieder zurück über den Graben und schwenkt dann nach Südwesten ein, wo weiterhin über flache Wiesen mit Almhütten und einzelnen Felsblöcken angestiegen wird. Ein steiler Gratrücken wird südlich umgangen und über die südwestseitige Gipfelabdachung gelangt man zum **Zendleser Kofel** ❸, 2422 m. **Abfahrt** wie Aufstieg.

56 — Kleiner Peitlerkofel, 2813 m

↗ 1300 m | ↘ 1300 m | 10.2 km
5.20 h

Klasse Skitour mit steilem Südhang

Der Peitlerkofel, ein mächtiger Dolomitengipfel, nach dem sogar eine Untergruppe benannt ist, sieht ganz und gar nicht nach einem Skiziel aus. Der Hauptgipfel selbst ist auch nur zu Fuß erreichbar, aber der nur wenig niedrigere Kleine Peitlerkofel kann bei günstigen Bedingungen überraschend angenehm mit Ski bestiegen werden. Die Tour bietet sich sowohl bei frühem Firn im Februar oder März an, wie auch bei sicheren Hochwinterbedingungen. Dann ist der Aufstieg im lockeren Schnee oft sogar einfacher. Bei hartgefrorener Schneedecke hingegen ist sichere Spitzkehrentechnik mit Harscheisen unerlässlich. Später im Frühjahr wird man die Ski im unteren Teil schon mehr oder weniger weit tragen müssen.

Talort: St. Martin in Thurn, 1127 m. Im Pustertal zur Abzweigung ins Gadertal bei St. Lorenzen (östlich von Bruneck). Über Piccolein nach St. Martin. Bushaltestelle.
Ausgangspunkt: Parkplatz Pares am Eingang zum Naturpark »Puez – Geisler«, 1536 m. Von St. Martin durch das Campilltal in das Bergdorf, 1398 m, bis zum Parkplatz vor der Auffahrt nach Seres. In Seres kaum Parkmöglichkeiten.
Aufstiegszeiten: Parkplatz – Peitlerscharte 3 Std., Peitlerscharte – Kleiner Peitlerkofel 1¼ Std.; Gesamtzeit 4¼ Std.
Anforderungen: Gute Spitzkehren- und Abfahrtstechnik im steilen Anstieg durch die Südmulde erforderlich.
Hangrichtung: Vorwiegend Süd, Südost.
Orientierung: Für erfahrene Skibergsteiger bei guter Sicht problemlos.
Lawinengefährdung: Nur bei sicheren

Malerisch gelegener Heustadel auf den Peitlerwiesen.

Gemütliches Schwingen über die Peitlerwiesen.

Bedingungen – durch die Südexposition des Steilhangs sind diese aber oft gut einschätzbar.
Günstige Zeit: Januar bis April.
Variante: Großer Peitlerkofel, 2875 m.

Kurz vor Erreichen des Kleinen Peitlerkofels steuert man rechts die Peitlerscharte an und lässt die Ski zurück. Einige Drahtseile erleichtern den Fußaufstieg zum Gipfel.

Die letzten Meter zum Gipfel, im Hintergrund der Große Peitlerkofel.

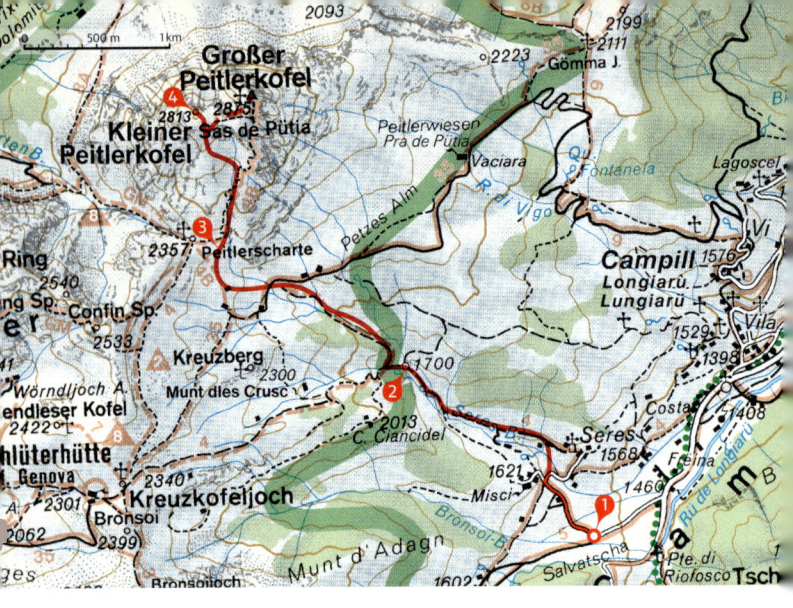

Vom Parkplatz **Pares** ❶ noch ein Stück entlang der Straße bis zur Kehre vor dem Weiler Misci. Rechts des Seresbachs folgt man nun einem Fahrweg hinein in das immer enger werdende Mühlental. Der Bach biegt später nach links (in Richtung Schlüterhütte) ab. Hier ❷ behalten wir unsere Grundrichtung Nordwest bei und steigen über die Peitler Wiesen zur **Peitlerscharte** ❸, 2361 m, auf. Bereits vor Erreichen der Scharte hält man sich rechts und steigt durch die steile, karähnliche Südmulde in vielen Spitzkehren hinauf. Zuletzt hält man sich links und erreicht mit Ski den **Kleinen Peitlerkofel** ❹, 2813 m.

Die **Abfahrt** folgt dem Anstiegsweg.

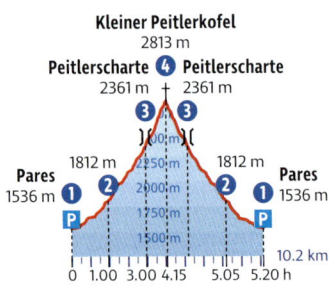

Pulverschnee auf den flachen Peitlerwiesen.

↗ 820 m | ↘ 820 m | 7.7 km

3.00 h

Maurerberg, 2332 m 57

Wald- und Wiesenberg mit Dolomitenblick

Der Maurerberg ist die höchste Erhebung des sanften Gebirgskammes, der das Lüsener Tal vom Unteren Gadertal trennt. Dieser schöne Aussichtsgipfel dient als beliebtes Ziel von Schneeschuhwanderern, die überwiegend am Parkplatz Pe de Börz kurz unterhalb vom Würzjoch starten. Theoretisch ist dieser Anstieg auch mit Ski machbar, er ist aber skifahrerisch eher fad. Wenn die Schneelage es zulässt, beginnt man besser direkt in Antermoja und steigt über eine ehemalige Pistenschneise zur Maurerberghütte auf, wo man auf den oben genannten Aufstieg trifft. Für die etwa 350 Höhenmeter zusätzlichen Aufstieg erntet man schöne, oft unverspurte Hänge. Besonders unmittelbar nach Neuschneefall ist diese Tour ein heißer Tipp für Bergfreunde, die frischen Pulverschnee mit geringem Lawinenrisiko suchen. Allerdings wandelt sich der Pulverschnee bei Sonne schnell in Pappschnee um und in schneearmen Wintern apern die sonnigen Hänge über dem Ort früh aus.

Talort: St. Martin in Thurn, 1127 m. Im Pustertal zur Abzweigung ins Gadertal bei St. Lorenzen (östlich von Bruneck). Über Piccolein nach St. Martin (Bushaltestelle).
Ausgangspunkt: Antermoia, 1514 m. Von St. Martin auf der Passstraße in Richtung Würzjoch bis in das hoch gelegene Bergdorf. Parkmöglichkeiten kurz vor und nach der Kirche. Bushaltestelle.
Aufstiegszeiten: Antermoia – Maurerberghütte 1½ Std., Maurerberghütte – Maurerberg 1 Std.; Gesamtzeit 2½ Std.
Anforderungen: Flache bis mittelsteile, freie und licht bewaldete Hänge.

Gipfelblick zur Heilig-Kreuz-Kofel-Gruppe.

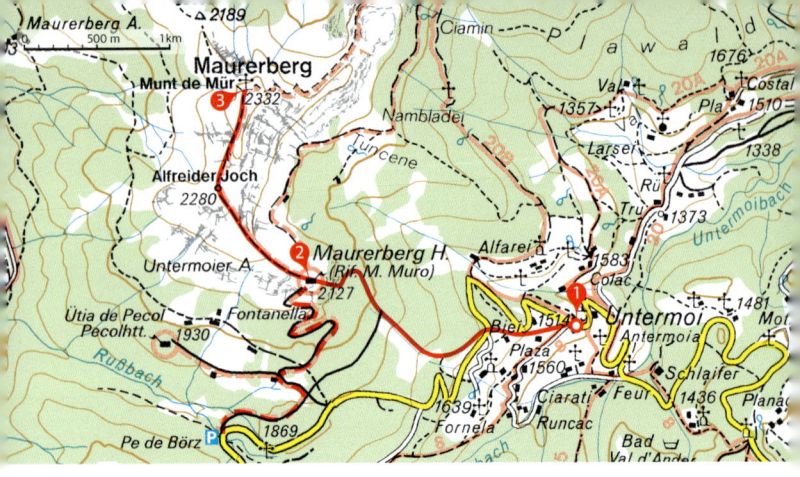

Hangrichtung: Südost bis Süd.
Orientierung: Bei guter Sicht problemlos, oberhalb der Hütte bei Nebel etwas erschwert.
Lawinengefährdung: Bei angepasster Routenwahl kaum lawinengefährdet.
Günstige Zeit: Dezember bis März.

Einkehr: Diverse Einkehrmöglichkeiten in Antermoia; Maurerberghütte im Winter geschlossen.
Variante: Vom Parkplatz Pe de Börz (3 km oberhalb von Antermoia) auf breitem und teils recht flachem Fahrweg zur Maurerberghütte.

Gegenüber der Kirche von Antermoia ❶ beginnt ein kurzer Schlepplift. Auf der Piste aufwärts bis zur Bergstation und auf einem Fahrweg am Waldrand nach links bis zur Waldschneise der ehemaligen Skipiste, deren Betrieb vor der Jahrtausendwende eingestellt und deren Lifte abgebaut wurden. Durch sie in gerader Linie aufwärts, zuletzt eine Kehre der Fahrstraße kreuzen und kurz danach links hinaus zur **Maurerberghütte** ❷, 2127 m. Von der Hütte folgt man dem breiten, mäßig steilen Rücken nach Nordwesten zum Vorgipfel und erreicht nach Norden eindrehend über den flachen Verbindungskamm das große Gipfelkreuz des **Maurerbergs** ❸, 2321 m. **Abfahrt** wie Aufstieg.

Oft lässt sich hier noch unverspurter Pulverschnee finden.

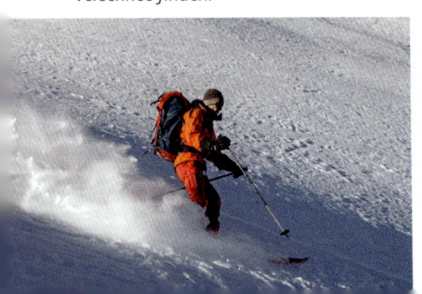

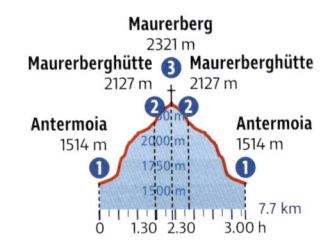

Oben: Aussichtsreicher Gipfelkamm.
Unten: Windgeschützte Brotzeitmulde unter dem Gipfelkreuz.

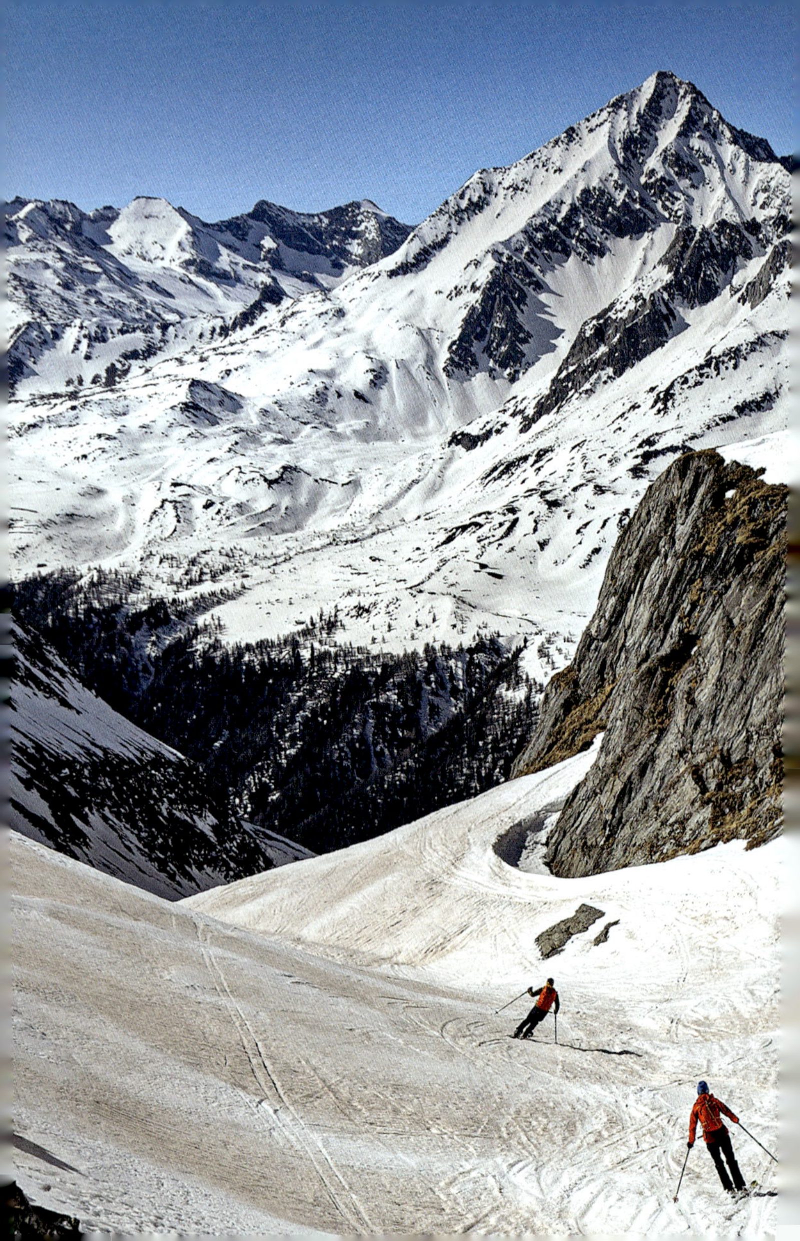

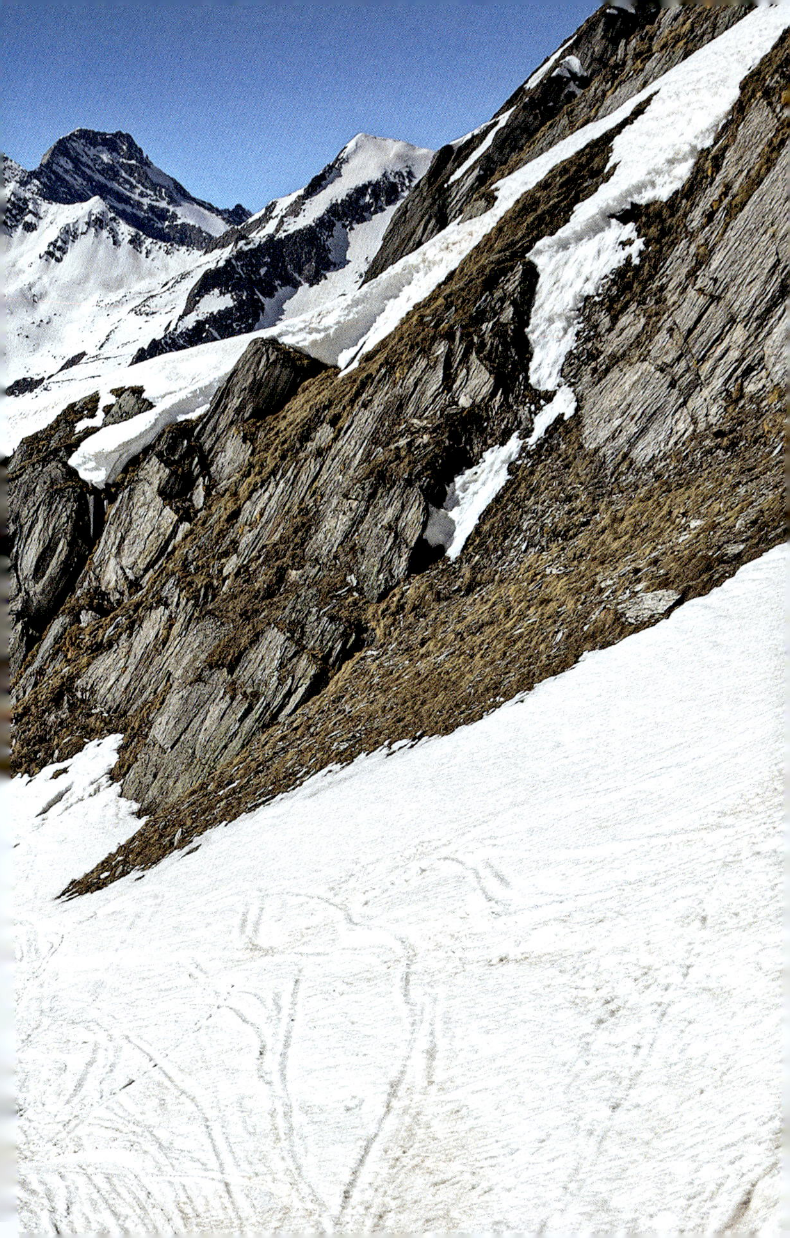

STICHWORTVERZEICHNIS

A
Adleralm 52
Ahrner Kopf 50
Alfenalm 93, 96
Am Mösele 75
Antermoia 166
Antholzer See 79, 80
Astholzalm 32
Auronzohütte 126
Äußere Eisengabelspitze 142
Außervillgraten 104

B
Bärentaler Alm 37
Bärentaler Spitze 36
Bodenseen 77
Bödenseen 122
Brixner Hütte 25

C
Campill 152
Col Becchei di Sopra (Pareispitze) 144
Col Costac 152

D
Daimer Hütte 61
Dorfberg 106
Dreiecker 54
Drei Zinnen 124
Dreizinnenhütte 122
Dürrenstein 130
Dürrensteinhütte 128

E
Egger-Bödenalm 34
Eisbruggjoch 72
Eisbruggspitze 76
Enzianhütte 79, 81

F
Falkensteiner 44
Fane Alm 25, 28
Filmoor-Sattel 116
Flatsch 110
Forcella Col di Mezzo 126
Frondeigen 89
Fünfte Hornspitze 62
Fürathof 101

Furciaalm 159
Furkelscharte 32

G
Gabesitten 104
Gasthof Brückele 133
Gisser Törl 94
Gögenalm 64
Golzentipp 108
Griesbachsee 58
Gripp 108
Große Kinigat 114
Großer Jaufen 134
Großer Möseler 74

H
Heiliggeist Kirchl 48, 51
Heimkehrerkreuz 129
Heimwaldjöchl 87
Henne (Gorner Berg) 65
Hinterbergkofel 80
Hintersattel 116
Hochrast 90
Hoher Bösring 112
Hoher Mann 83

Lavarella

Rifugio Lavarella Hütte
Familie Frenner-Sógorka
Fanes Alm 4
39030 St.Vigil in Enneberg
www.lavarella.it
rifugio@lavarella.it
Tel.: +39 0474501094

Die Lavarella Hütte, liegt im Herzen des Naturparkes Fanes Sennes Prags und ist ein idealer Ausgangspunkt für verschiedene Ski- und Wandertouren.

Wir haben eine hauseigene Brauerei: Europas höchste Microbrauerei und eine **Freiluftsauna** mit Lichttherapie.

<u>ÖFFNUNGSZEITEN:</u> Ab Anfang Juni bis Mitte Oktober und vom 26. Dezember bis 07. Januar sowie vom 25. Januar bis Mitte-Ende April.

A+
Jeden Tag in die Berge!
4 Wochen für nur 99 Cent
mit
ALPIN+
Deine digitale Heimat.
Flexible Laufzeit, jederzeit monatlich kündbar

Hoher Weißzint 71
Hotel Pragser Wildsee 135
I
Innervillgraten 90, 100, 102
J
Joch in der Enge 29
K
Kalkstein 93, 96, 99
Kamelisenalm 101
Karbacher Berg 85
Kasermähder Alm 87
Kasern 48, 51, 52, 54
Kasseler Hütte 40, 42
Kleiner Jaufen 132
Kleiner Peitlerkofel 162
Klein Fanes Alm 143, 144, 148
Köfler Alm 87
Kreuzbergpass 118
Kreuzjoch 159
Kreuzspitze 98
Kreuztaljöchl 66
Krimmler Tauern 53

L
Labeseben Alm 48, 51
Lavarellahütte 148
Lengspitze 44
Lenkjöchl 49
Limojoch 145
Limosee 145
Lipper Alm 99
Löffelspitze 56
M
Magerstein 38
Marchental 96
Marchkinkele 92
Maurerberg 165
Maurerberghütte 166
Merbalm 44
Merbjoch 44
Mitterberger Alm 70
Mitterwurzer Alm 104
Monte Sella di Sennes 140
Möselenock 75
Mühlwalder Joch 70
Munt Cörta 155

N
Nabiges Loch 135, 138
Naturpark »Rieserferner – Ahrn« 52
Nemeshütte 117, 118
Neves Stausee 71, 74, 76
Niederbruggeralm 102
Notdurfter Alm 55
O
Oberarnalm 103
Obere Steinzger Alm 79
Obere Tauern Alm 53
Obere Weißzintscharte 73
Obertilliach 108, 110, 112
Obwurzen 104
Östlicher Hochwart 33
P
Pares 160
Paresalm 159
Paternsattel 126
Pederü 141, 142, 144, 148, 151
Peitlerscharte 164
Pfinnalm 85

Mitgliedschaft inkl. Skiversicherungsschutz

INKLUSIVE BERGUNGSKOSTEN

DSV Basic

- 35 € pro Jahr
  (DSV aktiv-Mitgliedschaft inkl. Versicherungsschutz)
- Für Bruch, Beschädigung und Diebstahl
  von eigenen und gemieteten Ski und Snowboards
- Skischuhe, Skihelme, Skistöcke und Skifelle
- Inklusive Bergungskosten
- ON TOP: Das DSV-Magazin SKI & BERGE
  + alle Ergebnisse des DSV skiTEST

DSV aktiv

Wir sind Ski... für deine Sicherheit

(0)89 85790-100　DSVaktiv@ski-online.de　dsv_skiundberge　DSVskiundberge　www.ski-online.de

Pfinnscharte 85
Plätzwiese 131
Plätzwiese, Berggasthof 130
Prettau im Ahrntal 52
Pürglesgungge 95

R
Rauchenbach 107
Regenstein 102
Reichegger Alm 66
Rienztal 126
Roa-Scharte 156
Rossalmhütte 133
Rosstal 99
Rotbachalm 61
Roteck 117
Rotes Kinkele 100
Rote Wand 78
Rotlahner 86

S
Sankt Antoni Spitze 150
Scheibrastl 113
Schientalkopf 52
Schluderbach 128
Schneebiger Nock 42
Schusterplatte 121
Schwarzenstein 59
Schwarzensteinhütte 61
Schwarzmoos 111
Seefeldspitze 30
Seekofel 137
Seekofelhütte 138
Seekofelscharte 138
Senneshütte 141
Sextner Stein 120
Sobutsch 158
Speikboden 67
Staller Sattel 81
Stallila 61
Stammeralm 84
St. Antoni Joch 151
Steinrastl 110
Stilonschlucht 28
St. Martin in Thurn 162
Strudelkopf 128

T
Tafinalm 90
Talschlusshütte 48, 51, 52, 54, 122
Taseralm 58

Toblacher Hochhorn 88
Toblinger Knoten 123
Tratteralm 64

U
Unterarnalm 103
Untere Rosshütte 133
Untere Rötspitze 46
Untere Steinzger Alm 79

V
Valsalm 35
Valsscharte 35
Vigo 152

W
Westlicher Rieserferner 40
Wilde Kreuzspitze 24
Wurmaulspitze 27

Z
Zehnerspitze 146
Zendleser Kofel 160
Zösenberg 76
Zwiesel 113
Zwischenkofelalm 155
Zwölferkofel 154

Bildnachweis:

Markus Stadler S. 1, 2, 8/9, 11, 13, 15, 16, 18, 19, 20, 21, 22/23, 24, 26, 27, 28, 29, 30, 31, 32, 33, 34, 47, 48, 49, 50, 51, 52, 53, 55, 56, 57, 59, 60, 61, 62, 63, 67, 68, 69, 70, 72, 77, 78, 81 u. l., 83, 84, 86, 87, 88, 89, 92, 93, 95, 97, 100, 101, 103, 112, 113, 114, 115, 116, 117, 118, 119, 120, 121, 123, 124, 125, 126, 134, 135, 136, 137, 138, 139 u., 155, 156, 157, 158, 159, 160, 161, 162, 163, 164, 165, 166/167

Rudolf und Siegrun Weiss S. 36, 37, 39, 40, 41, 42, 43, 44, 45, 46, 54, 65, 71, 73, 76, 79, 81o., 81 u.r., 82, 85, 91, 94, 96, 99, 104, 105, 106, 107, 109, 111, 128, 129, 130, 131, 132, 133, 139 o., 140, 141, 142, 143, 149, 150, 151, 152, 153, 154

Linda Biebrich S. 145, 146, 147, 148

Edu Koch S. 12, 74, 75

BACKLINE

Jetzt im Bundle!

BACKLINE Photo & Story und BACKLINE Gear Test & Review Magazine

Entdecke die geballte Ladung an spannenden Skitouring-Photo-Stories und neuesten Produkt Tests und Reviews! Hol dir unsere beiden erstklassigen Magazine im unschlagbaren Bundle-Angebot. Für nur 15 EUR kannst du diese exklusiven Ausgaben am Kiosk erwerben oder bequem online bestellen! Greif zu!

www.backline-magazin.com/buy-shop

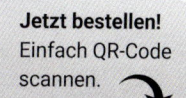

Jetzt bestellen!
Einfach QR-Code scannen.

Umschlagbild: Aufstieg zum Kleinen Peitlerkofel (Tour 56).

Bild Seite 2: Beeindruckender Hintergrund mit der Dreiherrenspitze im Aufstieg zur Löffelspitze (Tour 13).

Bild im Innentitel: Weitläufiges Skigelände im Aufstieg zum Ahrner Kopf (Tour 10).

Bild Seite 15: Frisch verschneite Winterlandschaft auf dem Weg zum Großen Jaufen (Tour 44).

Bild Seiten 22/23: Weitläufige Firnhänge im Aufstieg zum Regenstein (Tour 31).

Bild Seiten 168/169: Abfahrt vom Ahrner Kopf (Tour 10) mit Blick zum Rauchkofel.

Detaillierter Bildnachweis: Seite 174

Kartografie:
57 Tourenkärtchen im Maßstab 1:50.000 / 1:75.000
sowie 2 Übersichtskärtchen im Maßstab 1:500.000 und 1:850.000
© Freytag & Berndt, Wien

Werk-Nr.: 5911

Die Ausarbeitung aller in diesem Führer beschriebenen Wanderungen erfolgte nach bestem Wissen und Gewissen der Autoren. Die Benützung dieses Führers geschieht auf eigenes Risiko. Soweit gesetzlich zulässig, wird eine Haftung für etwaige Unfälle und Schäden jeder Art aus keinem Rechtsgrund übernommen.

4., vollständig neu überarbeitete und
erweiterte Auflage 2025
© Bergverlag Rother GmbH, München
ISBN 978-3-7633-5936-3

MIX
Papier | Fördert
gute Waldnutzung
FSC® C147178

Wir freuen uns über jeden Korrekturhinweis zu diesem Skitourenführer!
Bitte per E-Mail an: leserzuschrift@rother.de

ROTHER BERGVERLAG · Keltenring 17 · D-82041 Oberhaching
Tel. +49 89 608669-0 · www.rother.de